誰も気づかなかった
ノーリスク起業の決定版!

はじめよう!
子ども英会話教室

杉本桂子著・杉本豊監修

同文舘出版

はじめに

今、この本を手にしたあなたは「脱サラしたい！」と思っているサラリーマンの方でしょうか？　それともなにか自分に合ったビジネスチャンスを探し求めているチャレンジ精神旺盛なアントレプラナーでしょうか？

私たちはこの本を通して「プチ起業の一つのかたち」を提案したいと思っています。その前に私たちがどのような理由で子ども英会話教室を起業したのかをお話させてください。

大手英会話学校から独立し、イスク英語学院を設立したのと同時に私たちが結婚してから、すでに11年がたちました。設立当時は大人を対象とする英会話のクラスしか開講していなかったので、毎晩レッスンが終わった後は生徒たちと英語や日本語でワイワイ話し、帰宅はいつも夜中という毎日でした。その頃は誰にも気をつかう必要もなく、自分たちのペースでのんきに楽しく仕事をしていました。

しかし大きな変化が、何の前ぶれもなく突然やってきました。それは妊娠です。「えっ！」と驚きながら、英会話学校設立より3年目に長男を出産しました。

私たちとは無縁だと思っていたため、とまどいも感じた「出産」でしたが、これこそが、子ども英会話教室をはじめるきっかけとなったのです。妊娠中に読んだある本に感化され、生後

４ヶ月のときから長男を右脳開発の幼児教室に通わせはじめました。そこで〝子どもの教育〟にドップリとはまってしまった私たち夫婦は、その右脳開発教室のフランチャイズを開校することを決め、すぐに実行に移しました。

それに加えて、自分たちの英会話ノウハウを活かした子ども向け教育ビジネスとして、子ども英会話教室も開校したのです。じつを言うと、そのときまでは「子どもなんて英会話以前に〝いかに座らせるか？〟がむずかしそう……」と、子ども向け英会話ビジネスにはどちらかというと否定的だったのです。

しかし、自分たちに子どもができると１８０度視点が変わり、あれよあれよと言う間に、現在では子どもの英会話生徒数は二つの教室で合計１３０名になりました。

もしかするとあなたは「それはあなたたちがもともと英会話のできる人だからじゃないのか？」と考えているかもしれません。でも本当に「英会話をできる人しかできないビジネス」なら、私たちがこの本を書いた意味はほとんどありません。なぜなら皆さんもご存知のように、日本には「英会話ができる人」というのは非常に少ないのが現実なのですから。

この本で紹介する「子ども英会話ビジネス」は「誰でも〝カンタン〟に〝ノーリスク〟ではじめることのできる〝プチ起業〟」です。

では、どうして子ども英会話ビジネスが「誰でもカンタンにノーリスクではじめられるプチ起業」なのでしょうか？　それには大きく分けて次の三つの理由があります。

①自宅で開業できるので、場所を用意するための保証金など大きな初期投資が必要ない

②「英会話レッスン」が商品なので在庫を抱える必要がない

③週１日からでもはじめられるので脱サラをするなどのリスクがない

しかしこれでも「自分は英会話ができないのに、どうやってはじめるんだ!?」と感じる方も皆無ではないでしょう。「どうして英会話力がなくても大丈夫なのか？」また「どのようにして開業後すぐに10万円以上の収入を得ることができるのか？」という疑問を本書で明らかにしていきます。どうぞ最後まで楽しんで読んでみてください。そして読み終わった後で「自分もやってみようかな？」と思われたら、とにかくまず行動に移してみてください。行動を伴わないアイデアは、アイデア自体が存在しないことと大差ありません。その行動を通してあなたの特性を最大限に活かし、私たちの提案するノーリスクのプチ起業で人生を大きく変えていってください。

CONTENTS

1章 どうして今、英会話教室なのか？

2章 知っておきたい英会話学校のウソ？ホント！

3章 英会話教室経営を成功させるために覚えておきたい6つのポイント

4章 これだけは避けたい！ やってはいけない5つのポイント

5章 私たちはこうして英会話教室を成功させた

6章 さあ、英会話教室をはじめよう

7章 クラス設定とカリキュラムを決めよう

エピローグ 子ども英会話教室から次のステップへ

装丁◎新田由紀子
組版◎一企画

プロローグ

週1〜2日、
月10万円の収入からスタート
「夢のプチ起業」ここにあり

●おいしい話はなかなかないが……

この本を今、手にとっている皆さんは「脱サラを目指している」、「サイドビジネスを考えている」もしくは「自営業またはサイドビジネスを持っているが、それ以外の収入源を考えている」のどれかに当てはまるのではないでしょうか。

サラリーマンを経て起業をして以来、私たちもいろいろな方とご縁をいただき、数多くのビジネスおよびサイドビジネスについて知る機会を得てきました。

ただ、いずれも初期投資やそのビジネスに注ぐべきエネルギーが非常に膨大であったり、コツをつかむのが大変で、どう考えても先の見通しが全く立たないもの、あるいは結果が目に見えにくいものなどがほとんどで、「おいしい話はなかなかないもんだなぁ」という結論に落ち着いていました。

私たちは大阪の難波という都市で、大手英会話スクールと同じ土俵で大人の生徒を対象に10年前より英会話ビジネスを展開してきましたが、あることを機に自宅を構える堺市という郊外で「子ども英会話」というマーケットに、ほとんど初期投資せずに参入しました。気軽なサイドビジネス感覚です。

すると、10年間もビジネスをしてきた難波では経験することのなかった、

①今後どのような展開になるのか読める「見通しのよさ」
②短期間での「急激な生徒数の伸び」
そしてなによりも、
③月々一定額が確実に月謝として入ってくる「経済的安定性」
に自分たち自身が驚いてしまうほどでした。

●身近にあった、ノーリスクビジネス

そうなんです。週1～2回のペースで、初期投資はほとんど必要なく、仮にうまくいかなかったとしても大損をしたり、失ったりするものはほとんどゼロというリスクのないビジネス――「そんな話、本当だったらみんなするよ」と誰もが疑ってしまうような「夢のプチ起業」がここにあったのです。

私たち自身が長い間、英会話ビジネス業界に身を置きながら、どうしてこんなことに気づかなかったのか、まさに〝灯台下暗し状態〟であったという思いでいっぱいです。

本書では、本当にこのビジネスが私たちの言うように気軽にはじめることができ、週1～2回程度で簡単に現在の収入プラス10万円のサイドビジネス収入につながるのかを具体的に、写真入りでくわしく、また包み隠さず、ご紹介していきます。

●英会話こそが「おすすめ」な理由

少子化で不況の今こそ、子どもを対象にした教育産業は注目すべきビジネスなのですが、中でもあえて「英会話」をおすすめしているのにはもちろん理由があります。私たちがこの業界に15年間携わり、現場でお母さん方や大人の生徒の声を聞くたびに強く感じることは、英会話スクールへの通学の有無に関係なく、かなりの日本人が「英語を話せるようになりたい！」と思っているということです。

特に女性は、結婚して主婦となり子どもを産んだ後、「私のような思いをさせたくない」という気持ちから「子どもにだけは英会話を」と強く望んでいるのです。それを裏づけるのが、ある統計によると「英会話を習いたい」と思っている成人は90パーセント近くにもおよんだとのことです。

ただ、「話せればいいなぁ」と思っている方々でもスクールに行くほどのきっかけや勇気がない、というのが現実で、実際にはじめるところまではなかなかいきません。ただ、自分の子どものことになれば、「自分はできない」という恥ずかしさも前面には出ませんから、足も腰も軽く、知り合いのお母さんの「昨日○○っていう英会話スクールに子どもを連れて行ったんだけど、よかったよ！」のひと声で「えっ！　それ、どこー？」となるのです（まさにウチの教室はこの勢いです）。

「自分たちの知恵は出し惜しみせず他人に分け与えよう」という精神の私たちとしては、この本を手に取ってくださったご縁のある皆さま方に「だからあなたもやってみれば？」と心底思うのです。

その一方で、「でも自分には時間がないし、今の仕事はどうするんだよ」と思っているであろうことも察しがつきます。

●アルバイト感覚で月10万円が現実に⁉

そこで本書では「あなたは会社勤めを続けながら、奥さまを口説いて奥さま中心の週1～2回ぐらいの〝プチ起業〟をしてみたらいかがですか？」と提案します。残念ながら奥さまを口説けなかった場合でも、あなた自身による週末を利用した〝プチ起業〟も選択肢にあります。現在のお仕事と収入をそのままに、サイドビジネスもしくはアルバイト感覚で自分たちの小さな「お城」を作ってしまい、まずは月10万円のお小遣いをひねり出してしまおうというわけです。

生徒数が増え、規模が大きくなって現在の収入を越えるようになれば、ビジネスオーナーとして独立＝「社長」の座につくことも夢ではありません。

それにはまず、信頼できる講師を探し、あなた、奥さま、講師の3人で何度も細かなコミュニケーションを取ってください。この講師が子ども英会話講師としての経験があり、カリキュラムその他を作るのにいろんな知恵を出してくれるとともに、こちら側の意見をしっかりと理解してくれる人であればベストです。

講師の選び方や採用に関するくわしい注意点は、後の章に譲ります。奥さまに担当していただきたいのは、お母さん方のケア、事務処理、そして重要なのが、問合わせのお電話への応対です。

3人（もしくは2人）の話し合いで土台を固めたら、あとは体験レッスンから入学までの流れを作ります。この流れが完成すれば、最初は「生徒5人・2クラス・週1回」というようなパターンからの起業が、がぜん現実味を帯びてきます。講師への報酬は時間給というのが普通ですから、講師への給与を差し引いても赤字どころか多少の収入が入ってきます。これが月10万円のエクストラマネーへの第1歩です。

●口コミで生徒を増やすには?

最初の時点で重要なことは、はじめの5人の生徒をとても大事にし、そのお母さん方としっかりと信頼関係を結ぶことです。なにしろ商品は日本人の憧れである「英会話」ですから、しっかりしたレッスン内容と信頼関係があれば、必ず口コミで生徒は増えていき、生徒数20人くらいの規模にはすぐになるはずです。

それくらいになると週1回5時間という仕事のペースになるでしょう。これは奥さまが朝から夕方まで週5日パートに出るくらいの収入、すなわち月収として10万円くらいにはなります。もちろんあなた自身が週末に同じことをしても同程度の収入が得られます。

働くお母さんたちにとって、土曜日のクラスは意外に貴重なものなのです。土曜クラスがいっぱいになってくれれば、次に平日クラスをオープンし、奥さまの代わりに電話の応対やお母さん方のケア、事務の仕事を任せられる人と講師、もしくはその両方ができる講師を雇うことで、あなたのビジネスはどんどん広がります。

どうですか？　ワクワクしてきたでしょう？

本書で提案している「できる限り初期費用をかけずに英会話教室を設立する」という方法が「どんなに少ない生徒数からはじめてもノーリスクで、お小遣いが入ってくる可能性が非常に高い！」ということが少しわかりはじめてきたのではないでしょうか？　皆さんにとって願ったり叶ったりの、とっかかりやすいもののはずです。

1章

どうして今、英会話教室なのか？

「少子化だから教育ビジネスは儲からない」のウソ

教育ビジネスが有望な理由

「少子化だから教育ビジネスは儲からない」というセリフをよく耳にしませんか？　我が家には生後間もない赤ん坊を含めて４人の子供がいるのですが、「えっ、４人も!?」なんてビックリされてしまうのが今の世の中です。

と言うのも、１家族における子ども数が２人未満という数値に落ち着いて、もうかなりの年数が経過しているからです。

そこから導き出された結論として『子どもの数が少ない＝通う子どもの絶対数が少ない＝子ども対象の教育ビジネスは厳しい』という見方が一般的に浸透しているのでしょうが、実際はそうでもありません。

もしできるなら、まわりのひとりっ子を持つお母さんに、子どもの習いごとの数を聞いてみてください。私の知っている人で「そろばん週３回、公文教室週２回、塾週１回、スイミング週2回、英会話教室週1回、習字週1回、ピアノ週1回」を1人の子どもにこなさせている超○○ママがいました。この子は学校が終わった後、三つの習い事をこなす日もあったそうです。これが真の教育という観点からはどうなのかという問題は別として……。

バブル崩壊も追い風に

このようなことから、少子化だからこそ、またこの不況が長引いている今だからこそ、親は子どもの教育に熱心になる、と言えないでしょうか。私たちは、独自の「イスク英語学院」という英会話スクールを経営していますが、バブル崩壊による業績への影響はほとんどありませんでした。

そもそも最近まで、「日本は不況で、それもいつ終わるかわからないほどヒドイものだ」と言われるほどでしたが、それでも個人の預金残高は世界一です。そう考えると、不況も世界に目を向ければまだまだ安全レベルと言えます。日本は基本的に裕福な国であるということを前提に考えてみてください。

そうは言っても、不況の影響はあらゆる所に垣間見ることができ、お母さんたちも「どこにお金を使うか？」ということを非常にシビアに考えています。ではどこにお金を使うかというと、「子どもへの投資」には費用を惜しみません。私たちのまわりを見わたしても、お母さんたちは自分の服より子どものブランド服にお金をかけます。これは教育費に関しても同様で、他のところで倹約したり、自分がパートで働くことになろうとも、子どもの教育にはお金をかけるという感覚の人が多いように思われます。

逆にバブルが弾けたからこそ「子どもには手に職を！」というように、教育に力を注ぐようになっているのかもしれません。

「月謝＝固定収入」と考えよう

私たちの経営するイスク英語学院は、大人コースとキッズコースに大きく分かれていますが、中でも生徒数が伸びているのが英会話のキッズコースなのです。

しっかりとした土台を作り、細かいケアを怠りなく、お母さん方の満足度を満たすようなシステムさえ構築してしまえば、子どもたちはよほどのことがない限り何年にもわたって通ってくれるようになります。

つまり、毎月必ず決まった月謝＝固定収入が入ってくる仕組みを構築できるのです。ズバリ、親は子どもの教育にはお金を惜しみません。それは逆に「不況だからこそ」と言っても過言ではないのです。

ノーリスク&小資本ではじめられる

これが「子ども英会話ビジネス」のメリットだ

「子ども英会話教室」をビジネスとして捉える場合の大きなポイントの一つは、プロローグでも書いたようにほぼノーリスク、かつ小資本ではじめられる点です。

どんなに将来的に明るいビジネスであっても、何千万円もの初期投資が必要なら、ほとんどの方にとって最初から論外の話になってしまいます。会社のボーナスをこれ以上当てにできなかったり、「リストラ」という言葉が他人ごとではない今のご時勢だからこそ、この「子ども英会話教室」にメリットがあるのです。

と言うのも、「現在の仕事を続ける」ことによって、安定的な収入源が確保できるため、たとえ最初は英会話教室からの収入がなくても、経済的に心配のない状態からはじめることができるからです。

大手に負けない〝格安〟教室作り

初期投資が全くのゼロというわけにはいきませんが、お小遣い程度の準備金からスタートすることが可能です。「家のリビングルームの模様替えをする」くらいの軽い気持ちで近くのホームセンターに出向いて、教室を彩るための趣味のいいカーテンやランプを揃えたり、日本に在住していた外国人が帰国時によくする「SAYONARAセール」（6章にて紹介）でアメリカ風のソファを数千円で手に入れることもできます。資本が少なくても、「あなたの手作り感覚」を用いることで、自分の中にある子ども英会話教室のイメージを具現化することが可能です。これにより、大手英会話学校が運営している子ども英会話学校にも絶対に負けない、人をひきつける教室を作り上げることができます。

「仕入れ」も「在庫」も必要なし！

リスクがゼロに近いと言えるもう一つの大きなポイントがあります。それは「仕入れ」や「在庫」という言葉と無縁だということです。当たり前のことなのですが、どんなビジネスでも開業時に商材を揃える必要がありますから、その時点で「仕入れ」代が発生します。業種や規模によってもちろん異なりますが、これが数百万円～数千万円程度かかることも稀ではありません。加えて、その後も常に在庫を抱える必要があります。つまりほとんどのビジネスは、最初から大きな資本がない限りはじめることさえできない上に、常に在庫を処理していかなければならないという二つの大きなリスクを負うものなのです。

経費は〝後払い〟だからノーリスク

それに比べて子ども英会話教室の最初の投入資金は、模様替え程度のインテリア類と、必要最低限の事務用品や教材などを揃えるためのお小遣い程度の支出で済みます。月々の支出の中で一番大きな金額（と言っても2～3万円程度）の講師給与にしても、生徒から入学金や月謝をもらってからの翌月払い、つまり「後払い」なわけですから、本当に文字通り「ノーリスク」のビジネスと言えるのです。

おまけに前項で述べたように、一度クラスを開講してしまえば、たとえ生徒数が増えて収入が増えようとも講師人件費や事務用品などの経費は増えることなく同じままですから、毎月確実に収入が上がっていきます。うまくいけば、短期間でビジネスオーナーへの道も十分見込めることになります（ただし、生徒数が急激に増加した場合は、当然クラス数を増やす必要がありますので、その場合は人件費が少し増えます。しかし、その方が利益率は大きくなります）。

具体的な金額や必要な備品とその入手法については6章でお話しします。

英語を話せなくても大丈夫

abc「苦手」＝「無理」ではない

さてこれで、「簡単にはじめられそう」、「本当に脱サラできるかも」という感覚をつかんでもらえたかと思います。

しかし、もしかして「オレは英語なんて話せないし、ましてやウチのやつの英語力なんてもっとお話にならないよ」と、ご自身や奥さんの「英語力」について不安な気持ちを抱いている方がおられるのではないでしょうか？

でも、心配ご無用です！　ここでは、なぜ英会話力が絶対に必要なものではないのかをお話しましょう。

私たちは英会話業界に長くいますが、敗戦の影響がいまだに強く残っているのか、日本人の「英語コンプレックス」はまだまだ根深いものがあると日々感じています。

たとえば「コーヒーについてなにも知らないが、喫茶店をはじめてみたいなぁ」とは思えても、「英語は苦手だけど、英会話教室をはじめてみたいなぁ」と思う人は皆無に近いのが現状です。

「コーヒー」ならOKなのに、こと英語のことになると、「苦手」＝「無理」という発想が瞬時に浮かんでしまうのです。

必要なのは「経営する力」

はたして本当にそうなのでしょうか？　「子ども英会話」というマーケットで私たちが提案しているのは、「ノーリスクで小さな自宅教室からはじめて月10万円のお小遣いをひねり出しませんか？　そしてうまくいけば数年で、早ければ1年くらいで脱サラし、オーナーになれる可能性もありますよ！」ということなのです。何も「英会話を教えるプロとしての職人を目指してください」と提案しているわけではありません。

英会話の力を持ち合わせているに越したことはありませんが、「英語力」より必要なのは、「経営する力」なのです。現にテレビCMなどによく登場する大手英会話スクールの経営者の方々で、素晴らしい英会話力を駆使してビジネスを成長させたという話は聞いたことがありません。

資本とは呼べないような、わずかなお金をもとにはじめる「プチ起業」ですが、月10万円のお小遣いの先にあるものはあくまでもビジネスオーナーの座なのですから、スタート時点からあなたや奥さまの担う役割は「講師」ではなく「責任者」兼「経営者」であることが望ましいのです。

ビジネスの先の人生を考えよう

ビジネスをはじめるにあたって、あなた自身が「どんな人生」を望んでいるのか、「どのようにビジネスを展開していきたいのか」という青写真を明確に思い描いてください。これは建築で言えば設計図のようなものです。

設計図もなしに柱や壁になる木を適当に持ってきて組み立ててみても、堅牢な家が完成することは100%ありません。同様に、子ども英会話ビジネスでも設計図が極めて重要になるのです。

人件費圧縮のために、奥さまを「講師」としてビジネスをスタートさせたとしても、将来の青写真がなければ「毎日カリキュラムを考えてクラスを担当し、家事もろくにせず、一緒に旅行もできない」といった生活になりかねません。これでは月に10万円を稼いだとしても本末転倒ですし、ビジネスそのものも大きくなりません。

ビジネス成功のポイントとは？

もちろん、あなたや奥さまがたまたま英語に堪能なのであれば、当初は経営・管理からクラス運営すべてを兼ねた役割でビジネスをスタートするということも可能ですが、英語が「できる」「できない」は、このビジネスの成功とは全くと言っていいほど関係がありません。外国人講師とのコミュニケーションが心配であるなら、日本人のバイリンガル講師、もしくは日本語堪能な外国人講師を採用することで、この問題はいとも簡単に解決できます。

あくまでもあなたや奥さまが「経営者」としての意識をしっかり持つことが、このビジネスの成功のキーとなることを理解してください。ここでお2人の役割を具体的に述べると、大きく分けて

①講師、レッスン内容の管理
②体験レッスン受付・電話応対
③お母さんや子どもたちとのコミュニケーション
④母親勉強会（詳細は後述）
⑤広告

となります。

「子ども英会話教室」をはじめませんか?

"子ども"英会話をすすめる三つの理由

プロローグでも述べたように、こんな時代だからこそ、子どもを対象とした英会話教室の経営がおすすめです。その主な理由は以下の三つです。

①口コミを発生させやすい
②何年にもわたって継続学習をする
③ビジネスとして収支を読みやすく、毎月プラスになっていく可能性が高い

では、これらの項目を順を追って見ていきましょう。

まず、口コミについてお話しします。私たちが経営しているイスク英語学院は、難波という大阪第二の大都市ということもあって、大人の生徒(主にOL)を対象としたコースを中心に、10年前に開校しました。

当初は、その単独コースのみで5年余り続けましたが、わが家の長男誕生を機に、子ども英

会話、そして幼児教育という分野にも目を向けはじめました。
すると、子ども英会話教室は、1人あたりの月謝、つまり単価は大人の生徒に比べて低いものの、継続学習率や口コミによる紹介率は、大人の英会話コースとは比べものにならないくらい高いということに気がつきました。

〝しっかりした内容〟が生徒増のポイントとなる

大人の場合、潜在的に英会話を習いたいと思っている人は非常に多いのですが、実際に「英会話スクールを探している」という人はそんなに多くありません。また、現在は多くの学校が乱立する〝英会話学校飽和状態〟なので、内容をどんなに良質にしても、口コミ紹介の効果は、さほど大きく期待できません。

しかし、「子どもに英会話を習わせよう」と思って具体的にスクールを探しているお母さんは、とても多いのです。スイミング、他の幼児教室などに一緒に通うお友達、近所の遊び仲間などを通じてどんどん口コミ宣伝が広がっていくので、しっかりとした内容のレッスンを展開することができれば、口コミによる紹介入学が大いに期待できます。

つまり、現在の生徒数を確保した上で新規生徒の入学が見込めるため、「生徒数は増えるのみ」という公式が成り立つのです。

次は継続性についてお話しします。前述のように「英語を話したい」、「英会話を習いたい」と潜在的に思っている成人日本人は、全体の90％近くにおよぶにもかかわらず、実際に行動に移して英会話学校に通う人はまだまだ少ないのが現状です。

行動に移したとしても、英会話自体が日常生活に不可欠なものではないために、結婚、多忙、やる気の低下、その他さまざまな理由でいとも簡単に辞めてしまいます。

結局、大人を対象とする英会話ビジネスの場合、

「毎月やめる人数」＝「退学者数」

ということを念頭に置き、収支を考えていく必要があります。そうなるとどうしても、大手英会話学校のように毎月たくさんの新規生徒を獲得するため、莫大な広告宣伝費をかけなければならなくなります。

あるいは、現在でもかなりの大手英会話学校が採用しているように、月謝制ではなく年間一括払いやローンなどによる、「生徒は辞めてもお金は残る」という、自分たちを守る「保証システム」でも導入しない限り、スクールの存続自体が危うくなってきます。

abc 子ども英会話教室の意外な〝ウマ味〟とは？

ところが子どもの場合、大人と違ってよほどの理由がない限り、習いごとを辞めません。特

に英会話は、スイミングなどの習いごととは違って、「これくらいできるようになったからもういいか」ということがなく、極端に言えば一生懸けても完璧にマスターできるかどうかわからない分野です。また日本では、学校や受験で英語を避けて通れないシステムになっていることも、子どもが辞めない仕組みを強固なものにしています。

そして三つ目の、ビジネスとして収支を読みやすく、毎月プラスになっていく可能性が高いという点については、二つ目の継続性ということを、当てはめてみると非常にわかりやすくなると思います。

簡単に説明すると、英会話教室ではある月の生徒数はほぼそのまま翌月の生徒数となります。ですから、新しく入学した生徒は常にプラスとして計上されるわけです。換言すると、今月の月謝の総額は来月もほぼ同じような額となり、経費が大きく変動しないことから、新規入学生があれば、売上総額はどんどん増加することになります。

何度も言うようですが、大人の英会話コースでは、こううまくはいきません。必ずと言っていいほど、翌月から休学や退学という生徒が何人かいるので、新しい生徒が入学してきても収支はプラスマイナスゼロ。ひどいときは、入学者があるにもかかわらず、入金総額が前月比で100％を切るということもありえます。これでは経営者はたまったものではありません。そんな大人向け英会話と比べると、子ども英会話教室は非常に〝おいしい〟のです。

奥さまネットワークをフル活用しよう！

お母さんの口コミを発生させよう

いつの時代も、女性の口コミの能力はスゴイものです。わが家の次男が通う幼稚園でも、お母さんたちのゴシップは光速なみの速さで広がっていきます。

先日もあるお母さんから、「どうしてそんな他人の家庭の、しかもかなり立ち入った、当事者しか知りえることのできない事情まで知っているの!?」と思わせるお話を聞いてとても驚いたのですが、それ以上に驚いたことは、私以外のお母さんはほとんどみんな、すでにその話を知っていたということです！

このように、一見パワフルすぎるように感じられる女性、特にお母さんの口コミパワーも、うまく使えば大きな武器、すなわち「宣伝力」になります。

自分では自覚していなくても、実は多大な影響力を持つお母さんが10人中1人はいるものです。そのようなお母さんの言うことに、まわりのお母さんはまるで暗示にでもかかったかのように従います。ですから影響力を持つお母さんに自分の英会話教室を惚れ込んでもらい、自然とそこから口コミが発生する仕組みを作り上げることも、重要な仕事の一つです。

今までの経験から言って、一見クレームをつけてきそうな、ひと癖もふた癖もある人に限って、いったんわかり合うと非常に頼もしい協力者になることが多々あります。

お母さんをスタッフ化する方法

また、幼稚園児や小学児童を持つお母さん方の中には、子育てに無我夢中で全ての時間を費やし、何年間も自分の時間を持たずにきた反動で、「子どもたちが幼稚園や小学校に行っている間に何か有意義なことをしたい」と感じているお母さんや「結婚前のように自分の特技を活かしたい」と思っている方がずいぶん多いようです。私たちは「このようなお母さんたちにぜひ協力してもらってください！」と声を大にして言いたいのです。

私たちの例を出しましょう。子どもを相手とするビジネスなら、必ずと言っていいほど「小物作り」がついてきます。たとえば、ポスターやチラシによるお知らせ、教材作り、ニュースレターのイラストなど……。数え上げればきりがないくらい、本当にたくさんあるものです。しかしわが教室にはなぜか、それらを作ることが得意なスタッフがいつまでたっても現れません。

そこで私たちは、イラストを描くことが得意な知り合いのお母さんに教材のイラストを描いてもらうことを考え、目ぼしいお母さんの1人に「ドラえもんが左手にスイカを持って怒っているイラストなんて描ける？」と聞いてみました。するとどうでしょう？　そのお母さんはなんとその場で「こんな感じでいいのかなぁ」と言いながら、スラスラと非の打ち所のないイラストを描き上げてしまったのです。

これには驚きましたが、それにもまして本人が「そんなに喜んでもらえるなんて」と自分の価値を再発見して喜んでいるようでした。もちろん、このお母さんにはイラストだけでなく、他の教材作りでもとてもお世話になっています。

このように、「イラストを描く」ということ一つを取っても、才能のない私たちにはとんでもなく素晴らしいことが、才能のある人にしてみれば、ごく当たり前で賞賛に値しないものと考えている場合があるのです。

他の分野で協力してもらえる才能を持ったお母さんもたくさんいるはずです。皆さんもこのようなお母さんを見つけ、多少の報酬を支払ったり、お子さんの月謝の半額または全額を免除することで対応すれば、お互いにメリットのある相互扶助的な効果が期待できるのではないでしょうか？　ぜひ、奥さまネットワークをフル活用してください。

子どもは宝!? 究極の印税

これこそまさに〝宝の山〟

昔からよく言われる表現に「子は宝」というものがあります。元来の意味は、子どもとは国や夫婦、家族にとって宝に勝るとも劣らない大切なものである、というものだと思います。同じ言葉でも、これを「子ども英会話教室」に当てはめると、似てはいるものの多少違うニュアンスに変わります。

すでに述べたように、大人の英会話継続率の低さに対して、子どもはいったんはじめると、なにか大きなできごとでもない限り継続的に学習してくれます（親にさせられると言ったほうが適切なのかもしれませんが……）。

もう一度声を大にして言いますが、これは本当に私たちにとってはありがたいことなのです。おさらいしておきますが、一度クラスを開講すれば一挙にたくさんの生徒が入学でもしない限り、クラス数を増やす必要はありません。そしてそれは講師人件費をはじめとする経費が同額のままということと同じ意味です。

教室の入退学者数をシミュレーションしてみる

以上のことを念頭に、簡単なシミュレーションをしてみましょう。

1ヶ月に3人の新規入学者があり、3ヶ月に1人の割合で退学者があるとします。1ヶ月目は3人、2ヶ月目で6人、3ヶ月目で9人、しかし退学者が1人あるので、合計は8人。単純に半年なら16人、1年で32人の計算になります。

口コミ紹介というのは生徒の絶対数と英会話教室の知名度の高さにかなり比例するので、生徒数が増えれば増えるほど、それに伴って口コミ紹介数も増えることになります。このため、上記の1年後の合計人数である32人は、実際は40～45人くらいにまで膨れるのではないかと思います。

■入退学者シミュレーション

	1ヶ月目	2ヶ月目	3ヶ月目	4ヶ月目	5ヶ月目	6ヶ月目
入学者	3人	3人	3人	3人	3人	3人
退学者	0人	0人	1人	0人	0人	1人
生徒総数	3人	6人	8人	11人	14人	16人

	7ヶ月目	8ヶ月目	9ヶ月目	10ヶ月目	11ヶ月目	12ヶ月目
入学者	3人	3人	3人	3人	3人	3人
退学者	0人	0人	1人	0人	0人	1人
生徒総数	19人	22人	24人	27人	30人	32人+α…

生徒数40人、月謝1万円で試算すると、月商は40万円です。クラス数もある程度増えていることを考慮に入れて、講師人件費と諸経費で約10万円とすると、手元に残る利益は30万円ということになります。

しかし現実には、これに入学金や教材費が加わり、プラス3万円くらいになると思います。これくらいの規模になると週3日くらい、1日あたり3〜5時間程度は働かなければなりませんが、それでも30万円を稼ぎ出すシステムとしては上出来ではないでしょうか？

在庫も不要　究極のリピート商売

そしてここからが「子は宝」の真骨頂です。たとえば1歳からはじめた子どもは幼稚園入園までは順調に学び続けます。その間、約3年。その後、入園してからも続ければ小学校入学まででまた3年。これだけですでに6年ですが、小学校入学後も続けてくれるようであれば最高でプラス6年間が見込めます。

10年ひと昔どころか、10年もたつとすべてが一新されてしまう現代で、10年以上も顧客をつなぎとめるビジネスはそう多くはありません。

そういう意味で「子は宝」であり、何年にもわたり入ってくる月謝は〝究極の印税〟と言っても過言ではないのです。

さらに、生徒の入れ替わりが多少はあるにしても、順調にいけばこの〝印税的月謝〟が10年後に100万円単位になっている可能性が大いにあるのも、このビジネスの醍醐味です。このように、毎月ほぼ確実に、しかも何年にもわたってリピートされる商品というのはそうそう見つかるものではありません。しかも在庫を抱える必要のない「知識を売るビジネス」ですから、管理も容易です。

ちなみに、同じように子どもを対象とするビジネスにいわゆる「塾」がありますが、こちらはどうしても対象年齢が限られてしまいます。受験対策塾などの場合は特に、1年ごとに1学年を総入れ替えする状態ですから、印税という感覚からはほど遠いものにならざるをえないでしょう。

私たちが提案する英会話教室は対象となる子どもが0歳からなので、年齢制限という枠にとらわれる必要もなく、子どもたちが幼稚園に入園し、小学生になっても継続することが可能です。

しっかりとしたカリキュラムがあれば中学生になっても続けられるわけですから、「印税的収入」の〝大穴ビジネス〟になる可能性が大きいのです。

子どもが子どもを連れて来る

子どもの友達が集客のポイント

皆さんも子どもの頃に習いごとの一つや二つをしたのではないでしょうか？　私たちが小学校低学年だった頃の習いごとの上位は、習字、そろばんとピアノでした。その頃はまだ、英語が現在ほど普及していませんでしたので、英語を習っている友達を見ると、子どもながらになんとなく「ハイカラだなぁ」と感じていたのを思い出します。

さて、その頃のことを少し思い返してみると、毎日の放課後の優先順位はなんと言っても友達と遊ぶことでした。習いごとがある日でも必ず、その習いごとの前後は友達と遊んでいました。午後の最後の授業が終わるとまず友達と遊びはじめ、習いごとの時間になるといやいやながらもその教室へ向かいました。

またときには、友達を連れだって教室へ行き、終わるまでその辺りで遊んで待ってもらったりもしました。そして当然、習いごとが終わると同時にまた友達と遊びはじめる。この繰り返しだったように記憶しています。

ここで重要なことは、「ときには友達を連れだって教室へ行き、終わるまでその辺りで遊んで待ってもらったりした」ことを繰り返す中で、誰かれとなく、「どうせなら一緒に習えば、その時間さえも遊びの延長になる」と考えて、自分から親に「〇〇ちゃんと一緒の教室に通いたい」と相談していたことです。

当然親としては、かわいい子どもがみずからすすんで習いごとをしたいと言えば、いくら経済的に少しキツくても断るケースは少ないでしょう。

じつは、これは現在でも起きている実例なのです。ですから、ここで少し頭に汗をかいて、どうすれば自分の教室に通っている子どもたちの友達までも入学してくれるかを考えてみてください。

単純に1人の生徒がもう1人の生徒を連れて来てくれれば、あっという間に生徒数は倍になるのですから。

まずは子どもの写真を必ず撮って、それらの写真を教室外の看板などに貼りつけてください。友達の写真を見つけた子どもは、入学する可能性が非常に高くなります。

また、それらの写真を教室内の壁や掲示板などに貼りつけることも忘れないでください。子どもたちが体験レッスンに来たときに友達の写真を見つければ効果はてき面で、その子どもたちが入学する確率は驚くほど高くなります。これらの写真は、どんどん増やしていくことがミソです。

兄弟姉妹も〝お客さん〟

これらのことは友達同士の間だけで起こることではなく、じつは兄弟の間でも頻繁に起こっていることなのです。

私たちの教室では小学生になるまでは親子同伴を原則としていますから、たとえばお姉ちゃんが英会話を習いはじめると、その妹さんも同じ部屋の後ろのほうでいつもお姉ちゃんのレッスンを見ているわけです。

そうしているうちに自分でもやりたくなり、自宅でもお姉ちゃんの英会話教材のビデオや本をどんどん見るようになります。もちろん、そうなればシメたもの。妹さんの入学も時間の問題となります。

実際に私たちの英会話教室では兄弟揃って習っていただいている方々の数が半分近くにも達しています。

2章

知っておきたい
英会話学校のウソ？　ホント！

この章では、英会話教室をはじめるにあたって知っておかなければいけない、「英会話の上達」に関わる知識についてお話しましょう。

＊

皆さんの教室を立ち上げるための実務的な話からは少しそれますが、エネルギーを注いで教室開校、いよいよ体験レッスンというときに大事なのは「来てもらった方々に入学してもらう」ということです。

「そんなの当たり前じゃないの？」と感じられるかもしれませんが、その当たり前のことがしっかりとできないと、経営は成り立ちません。

そして、資金力をバックにCMやチラシで営業活動のできる大手英会話学校ではなく、小さな英会話教室に入学を決めてもらうには、「どうすれば英会話が上達するか」ということに関するお客さんへの適切な説明が欠かせません。

私たちの長年の経験から得た、知識と知恵の詰まった「説明トーク」をぜひ活用していただきたいという思いから、それをここで惜しみなく公開します。

＊

ネイティブに習わないと英語はうまくならない？

あなたに語学教師が勤まりますか？

本書を今、手に取っているあなたも、英会話を習うには「絶対にネイティブの先生でないとダメ！」と思い込んでいませんか？　私たちは、現在のイスク英語学院をはじめる以前、某大手英会話スクールに勤務していました。それから10年以上たちますが、当時は「先生は外国人ですか？」なんて質問をしてくる人は全くいませんでした。しかし今では、8割位の人がこの質問をします。

ではたして、講師は絶対に外国人がいいのでしょうか？　答えは、「NO！」です。

私たちの学校には、日本人と外国人の両方の講師がいますが、それぞれの役割は全くと言っていいほど異なります。そして英会話教室でどちらが重要な役割をはたすかというと、正直に言って日本人講師です。

もしあなたが「あなたは日本人ですから日本語のネイティブですよね。では明日からアメリカでアメリカ人の子どもたちに日本語を教えてください」とお願いされたとしたら、どうしますか？　日本語が母国語ということだけで、アメリカの子どもたちにうまく日本語の力をつける自信がありますか？　「おはようございます」や「私の名前は○○です」というようなフレーズならすぐに覚えられますが、その程度のレベルのことを繰り返し勉強しても、アメリカ人が日本語を流暢に操ることができるようになる可能性は、ほぼ0％です。

「日本人＝日本語のネイティブ＝日本語のことをよく知っている＝日本語を教えることが上手」という公式は全く成り立ちません。そしてこの逆バージョンが、日本にいる外国人講師、いわゆるネイティブなのです。

ネイティブをおすすめしない理由

英語圏の国の大学には「英語教授法」という資格があり、大学院を出て、なおかつこの資格を持っている人がアメリカやカナダなどの語学学校で先生をしているのですが、日本にいる外国人は9割以上がこの資格とは無縁で、大学の専攻も音楽だったり経済だったり、おおよそ語学や教育への興味があるとは言いがたい人たちです。

誤解を招くといけないのでお話しておきますが、この資格を持っていないからダメというわけではありません。私自身もカリフォルニアの大学でこの英語教授法の勉強をしましたが、当時のクラスメートや語学学校の「本物」の英語の先生たちの知識の低さや教え方には、正直言ってビックリしたことを今でもよく覚えています。

ただ、彼らはそこまでしても「教えたい！」という気持ちを持っていますから、少なくとも英語を外国人に教えるということに関してはとても「興味」があり、「情熱」もありました。

しかし現実的な話をすると、日本にいるネイティブは残念ながら知識も興味も情熱もない人が多いと言わざるをえません。いわゆる「よい講師」でなくてもホステスさんなみの時間給をくれる英会話学校が日本には山ほどあるという現状が、彼らを甘やかしてしまっているのかもしれません。

私たちの悲惨な経験から言うと、外国人講師はこちらの「方針」や「やり方」を受け入れてくれない人が多く、特に子どもに教えることを避けたがる人が多いのも事実です。

また些細な理由で突然「明日、帰国する」と言い出したり、無断で休んだり、遅刻して注意しても「自分の国ではそれで許されてきた」と居直ったりと、日本人からは考えもつかない行動に出るケースがあります。

もちろん日本人でもこんな人がいるかもしれませんが、このような行動は、外国人講師に圧倒的に多く見受けられます。

講師がビジネスを左右する

とは言っても、外国人の中にももちろん子ども好きの優秀な講師がいますし、ネイティブが全くダメというわけではありません。

日本人講師の中にも英語のレベルが低い先生、発音に問題のある先生など、問題を感じざるをえない先生もたくさんいます。

要するに、外国人でも日本人でも講師として問題がある人はいるのですから、「ネイティブ」という基準で講師を選ぶと大変ですよ、ということです。

皆さんがこれから経営する教室に体験レッスンに来るお母さんたちは、大手英会話スクールの「講師は全員ネイティブ」的な宣伝に洗脳されていると言っても過言ではありません。それを解くには少しエネルギーを要しますが、皆さんの戦力になってくれるよい講師を見つけることはこのビジネスの生命線とも言えますので、万難を排して取り組んでください。

具体的な見つけ方や「よい講師」の基準については、6章で具体的に紹介しましょう。

通うだけで英語が話せるようになる？

話せなくても大丈夫！

英会話教室に通えば、誰でも英語が話せるようになるのでしょうか？　これについては厳しい結論から申しあげます。もしたった週1回、しかも45～50分のレッスンを受講するだけで英語が話せるようになるなら、日本人は今頃全員がバイリンガルなっているでしょう。

しかし、お母さん方はそう思っていません。いろいろと調査した結果では、ほとんどの教室の幼児を対象にしたコースは、「週1回、ただ通う」ということが主な内容で、子どもたちは週1回40分～50分英語に触れるだけです。このため、通わせるお母さん方はしばらくすると、「本当にこのままで実力がつくのかしら?」という不安を抱きはじめます。

では、そんなお母さん方にどのように対応すればいいのでしょうか？

私たちのようなノーネームの小さな学校を成功させるには、他の教室の内容にもある程度精通し、いわゆる「他教室との差別化」がきっちりとできていること、そしてそれを具体的に言える、ということがとても重要です。

そもそも大人でさえも、「半年も留学すれば誰でも英語はマスターできる！」という仮想にとらわれている人が非常に多いのが現状です。そこで、「半年フランスに留学すれば日常会話ができるようになると思いますか？」と質問すると、ほとんどの方は首を横に振り、この仮想が幻想であることに気づきます。

大手のカラクリを逆手に取る

話を子どもに戻しましょう。相手は〝英語の知識ゼロ〟の子どもなのです。1週間に1回がたとえ3回になっても、お母さん方が期待していることが子どもに起こるわけはありません。それにもかかわらず、ほとんどの大手英会話スクールは、「通うだけで話せるようになる！」と言い切っています。

経営者になろうとする皆さんは、ぜひこのカラクリを理解した上で、「だからこそうちの教室がいいんですよ」と自信を持って言い切ることが大切です。「お母さんにお手伝いしていただく宿題が出ます」なんて言えば、入学してもらえないのではないかと不安がよぎりますか？　大丈夫です。私たちの教室ではそのようなことを伝えても、体験レッスンに来た方のうち9割、それも100パーセントに限りなく近い9割の方が入学します。

す。

お母さんをオトす魔法のトーク

「通うだけでは英語は話せるようにならない」という話の後で、私の説明トークはこう続きます。

「月謝をお支払いいただくのはお子さまの分だけですが、お母さんとお子さまの2人分だと思ってください。お子さまと一緒にこのCDを1日1回聞いていただいて、このビデオを1日置きに見てください。課題のマザーグースの歌は、お母さんが口ずさんだり、一緒に歌うと、子どもはすぐに覚えてしまいますよ」と。

「忙しいんだから家では一切何もしたくないわ。週1回とりあえず外国人に触れさせておけば安心なのよ」と言うお母さん方もたくさんいますが、こういう方々には「講師はネイティブ」を売りにしている他の英会話学校に行っていただくほうが賢明です。

なぜなら、そのような方々は概してすぐ気が変わり、クレームも比較的多いので、前章で述べた「究極の印税収入」の対象になりにくいからです。

小さな英会話スクールに体験レッスンに来られるお母さんの大半は「こだわり」を持っています。だからこそ、私たちもその「こだわり」をしっかりと持ち、大手英会話スクールには出せない独自性を自信を持って説明すればいいのです。

暗記は役に立たない!?

ネイティブの赤ちゃんは〝英語がペラペラ〟の盲点

大手英会話スクールの宣伝文句にとどまらず、最近では本にまで「暗記はするな」とよく書かれています。確かに、延々と暗記するばかりでは、力がつかなかったり面白くないこともあるでしょうが、全く役に立たないというのは真実でしょうか?

よく聞く「暗記が役に立たない理由」としては、「ネイティブの赤ちゃんは、英語を暗記させられたと思いますか? 皆さんも赤ちゃんの頃に、ただお母さんに話しかけられるだけで今のように日本語を話せるようになったでしょう?」といううたい文句があります。しかしここには二つの盲点があります。

まず一つ目は、あなたもネイティブも赤ちゃんのときに大量の母国語を「暗記」したはずだということです。「明日までにここまでを暗記しなさい」と言わなかっただけで、お母さんは毎日繰り返し、わかりやすく単純な言葉であなたに日本語をインプットし続けたのです。

アメリカ在住でも英語を話せない大人

それからもう一つの盲点は、赤ちゃんの脳の働きは特殊であるということです。私たちは、子どもの右脳と左脳の働きの理論をもとにした幼児教室も経営していますので、脳の働きに関してはいわば「プロ」なわけですが、0歳児の脳と幼児の脳、あるいは大人の脳は、それぞれ使っている場所もその働きも全く異なります。

このことがよくわかる例として、私がカリフォルニアに留学していた際に出会った、アメリカ在住40年の初老の日本人女性がいます。彼女は日本人が全くいない職場で40年近く働いていたにもかかわらず、英語力は惨憺たるものでした。

また、グアムで出会ったアメリカ人のご主人を持つ日本人の女性も、30年ほどグアムに住んでいますが、カリフォルニアの女性よりはかなりましだったものの、英語は驚くほど低いレベルでした。ご主人が初対面の私たちに奥さんとのコミュニケーションがうまくとれないことをぼやいていたほどです。

これらは幼児の脳と大人の脳の働きの違い、および外国語をインプットする時期による違いを顕著に物語っています。

それから、つい最近までお父さまの転勤でアメリカに住み、1年間アメリカの小学校に通っていた帰国子女の兄弟が、しばらく私たちの教室に通っていたのですが、聞き取りやYES、NOの答えは割とスムーズにできるものの、話すことに関しては私ども2歳の三男坊のつたない日本語と同レベルでした。

赤ちゃんの能力は〝特殊〟

これに対して、幼児、それも0歳に近い幼児を外国人に囲まれた環境に入れると、ほぼ間違いなく、ネイティブと同レベルの英語を話すようになります。

それは、成人と違って赤ちゃんが2〜3回聞いただけで自然と暗記できる「すごい能力」を持ち合わせているからです。

ちなみに私たち夫婦は、日常的なことに関してはときにはネイティブと間違えられるくらい流ちょうな英語を話しますが、私について言えば中学生や高校生のときにはリーダーの教科書や構文の参考書をほとんどすべて丸暗記していたことが、現在の英語力の基礎になったと言えます。

その後、なにかを「暗記しよう」と意識して暗記をしたことはあまりありませんが、受験のために大量に暗記した単語や熟語をベースに繰り返し同じ映画を見たり、同じ本を読んだりする中で、いろいろな文やそれ以外の違った単語を自然に「暗記」してきたのではないかと自覚しています。

「目に見えるかたち」で英会話力を伸ばす方法とは？

要するに「暗記」というのは、語学を習得する上で必ず必要なことなのです。ましてやアメリカやイギリスといった英語圏の国ではなく、日本で英会話を勉強するわけですから、システマティックな方法で効率よく、しかも楽しく自然に近い方法で「暗記」を促すと、「目に見えるかたち」で子供の英会話力の伸びを感じることができます。

この「目に見える」と言うのが大事な要素で、これがお母さん方のモチベーションを非常に高めて、継続学習をさせる大きな要因となるのです。

皆さんも体験レッスンに来られたお母さん方に「暗記は話せるようになるための基本です」と胸を張って話してください。

このとき、どのように暗記をするのかという方法が「暗記嫌い」の方をも説得するキーとなりますが、ご安心ください。私たちがそのノウハウをすべてお見せします。が、それは7章に譲りますので、慌てずに読み進めてください。

インターナショナル幼稚園に通うとネイティブのように英語がペラペラになる!?

インターナショナル幼稚園には2種類ある

私たちの教室に、小さい頃インターナショナル幼稚園かプリスクールに通っていた、もしくは現在通っている生徒が何人かいます。また、芸能人の間では子どもをプリスクールに通わせるのが当たり前のようになっている、という記事を週刊誌で見かけることからも、インターナショナル幼稚園やプリスクールは、子ども英会話ビジネスをはじめる方にとって、無視できない存在です。ここで私たちに必要な知識は、これらの幼稚園の現状です。まず、こういう類の幼稚園には2種類あることを知っておいてください。

一つは日本で働く外国人の両親を持つ子どもたちが通う幼稚園です。園児はほとんどがネイティブもしくはネイティブなみに英語を話す、いわゆる西洋から来た外国人で、ポイントは園児同士が英語で会話をしているということです。こういう幼稚園は普通、高校までの一貫教育となっています。

二つ目は、幼稚園だけが独立して存在し、子どもが小学校入学後はなにも関知しない、もしくは普通の英会話教室のように週1～2回程度通うというシステムです。こういった幼稚園は園児がほぼ100パーセント日本人で、外国人がいるとしてもアジア系の、英語はほとんど話せない園児たちです。

英会話教室に問合わせをするのは、後者のタイプの幼稚園に通う子どものお母さんです。もしくは、こういう幼稚園か英会話教室のいずれかに子どもを通わせることを検討しているお母さんなので、知識として現状を把握しておくことは皆さんにとって必ずプラスとなります。

園児同士の会話は何語？

率直に言うと、二つ目のタイプの幼稚園に通って英語がペラペラになった子どもを、私たちは見たことがありません。理由は「英語を話すのは先生だけで、園児同士は英語の会話ができない」からです。リスニング力に関しては簡単な会話であればわかることも多くなりますが、スピーキング力に関しては「sure」「all right」などの返答がとてもすばやくできるようになるくらいで、「英語で話す」ことにはほど遠いというのが実情です。これは日本人の両親を持つアメリカ育ちの子どもが、日本語をほとんど話せなくなることと同じ理屈です。

ちなみにこのような幼稚園の月謝は、安いところで7万円位で、大体10万円前後が相場のようです。

「あくまでも自然なかたちで英語をマスターさせたい」との思いで、お母さん方はこういう幼稚園を選ぶのですが、「自然に」となるとかなり高い完成度で環境を整えないとむずかしいようで、日本人だらけの園児の中にネイティブの先生1人が英語で話しかける程度では効率の悪いインプットに終わるようです。

「よきアドバイザー」になるためには

最後にもう一つつけ加えれば、この種の幼稚園の先生は前出の「ただの外国人」で、自身の国で保育の資格を持っている人でないことも多々あります。このような知識を持った上で、問合わせに来るお母さん方の前でいきなり否定的なことを言うのではなく、その方がなにを知っていてなにを知らないのか、なにに対して不安を感じているのかを聞き、まずはよきアドバイザーになってください。そしてタイミングを間違えずに、知りたいことをお話してください。

また、人間というのはよくも悪くも環境に左右されてしまうので、帰国子女といえども帰国後に英語を話す機会のない環境で育つと、大人になってからほとんど英語を話せなくなってしまうという事実もあります。「周囲に外国人がいる環境で過ごせば、一生英語を話せる」わけではないことも覚えておいてください。

お母さんは入室禁止？ それをお母さんはどう感じているか？

お母さんを教育熱心にする秘訣

大手から小さな教室までをすべて視野に入れても、まず3歳未満の子どもを対象にしているところは大変少ないので、このマーケットはぜひあなたの教室で扱うことをおすすめします。その際には子どもが小さいので「母子同伴」ということが必須になりますが、もっと大きな子どもでも、ぜひお母さんに付き添ってもらうことを強くおすすめします。

なぜならお母さんを巻き込むことは、「続けてもらう」ということにおいて、とても大きな役割をはたすからです。

自分の子どもが発言したり先生に褒められたりしているのを見て、お母さんは英語教育にますます熱が入りますし、他の子どもががんばっている姿を見ると、今度は逆に「私もがんばらなくっちゃ！」と思うわけです。

退学させない仕組みを作ろう

また、なんらかの理由で「子どもがやる気をなくした」という場合も、お母さんがクラス内での子どもの様子を知っていれば、適切に対応できる場合があります。

子どもが「やる気をなくした」真の原因がクラスメートにある場合でも、同席していないお母さんは「英語に興味がない」、「レッスンが面白くない」からだと勝手に思い込み、簡単に退学をされてしまうことがありますが、「母子同伴」の場合、このようなことは非常に起こりにくくなります。

小さな教室では、同伴にしていたりそうでなかったりとその教室によってさまざまですが、大手の場合、お母さんがレッスンの間、外で待つところが多いようです。そういうシステムではお母さんが熱心になる要素がほとんどなく、私たちの教室のように何年も通うということが起こりにくくなります。

また、レッスンは小さな子どもたちを相手に閉め切った部屋で行なうわけですから、プレッシャーが少なく、先生の熱の入り方にも疑問を持たれかねません。実際にそのような学校に通わせていたお母さんの中からは、「いったい、どんなレッスンが行なわれているんだろう?」という発言がありました。

文法をやるから英語を話せない？

「文法＝会話ではない」と決めつけていませんか？

多くの英会話教室、特に大手スクールでは「文法＝塾＝会話ではない」をうたい文句にしているところが多いように思います。

しかし、私たちは長年の経験から言って、大人対象の英会話のレッスンに「文法は必須」であると言い切ることができます。

もちろん文法ばかりが優先するような内容であったり、不必要なことを延々と教えるのでは全く意味がありませんが、「必要な時期に必要な内容」をその都度取り入れていくことは、会話力を伸ばすためには必要なことです。

これに対し、日本語の理解力が一定水準に達していない幼児対象の英会話教室の場合は、日本語による説明を入れることはほとんど必要ありませんし、ましてや「動詞が云々」といった文法事項の話をすることなどはナンセンスです。

小学生と幼児では「脳」が違う

ただ、同じ子どもと言っても、小学生と幼児では教え方は異なります。

小学生の場合はそれだけ脳も大人に近づいてくるわけですから、大人が文法の知識なしに話せるようにはならないのと同じように、学年や英語の学習経験に基づいて、簡単な文法の説明や日本語の補足を入れることで、飛躍的に子どもの英会話力は伸びるのです。

日本語の会話力が完成している小学生に対しては、たとえば「銀行」という単語を時間をかけて英語とジェスチャーと絵で教えるより、ひとこと「銀行」と言うほうがずっと効率的なはずです。

同様に、「“Do you like baseball ?”という質問に対しての答えは、“Yes, I am.”ではなく“Yes, I do.”です。“Do”で聞かれたら“do”で答えましょう」と日本語で補足することが、小学生の理解を促すのです。

つまり、問題は「日本語」や「文法」を使うこと自体にあるのではありません。先生がダラダラと日本語で講義をしていないかどうかが問題なのですから、不安を持つお母さん方に対してはそのことをきちんと説明しましょう。

小1が中1レベルに伸びる！

私たちの教室では、ネイティブが小学生のクラスを担当する場合、1時間のレッスンのうち5分から10分くらい、日本人の先生がアシスタントとして入り、効率よく日本語を使っています。

だからといって、レッスン中に日本語を話してくる子どもたちは全くいません。

そしてその結果として、小学校1～2年生で英検5級（中学1年生修了レベル）を取得している子どもたちがたくさんいます。

ここからも、子どもの理解度に応じて、適切に日本語の解説を取り入れることの有効性がおわかりいただけるのではないでしょうか。

とにかく、これから皆さんがプチ起業する教室は、私たちの教室のように無名なところからスタートするのですから、大手の広告に惑わされず良心的に、誠実に運営することが重要です。

そして結果をわかりやすく出すことが皆さんの成功につながるのです。

3章

英会話教室経営を成功させるために覚えておきたい6つのポイント

他の教室に変わらせない環境を作る

「親の目線」で考えよう

私たちのような個人事業者が運営する英会話教室を成功させるために必要なのはどんなことだと思いますか？

まず、乱暴な言い方をさせてもらえば、大手スクールは「辞める生徒がいても構わないから、とにかく大量に新規の生徒を集める」手法を取っていると言えます。そのような大資本に対して、私たちのような小さな英会話教室が取るべき手法は「入学してくれた生徒にできる限り長く続けてもらう」ことと言えます。つまり、他の教室に変わらせない環境を作ることが重要なのです。

では、あなたがご自分のお子さまを英会話教室に通わせる保護者だとしたら、どんな教室が望ましい教室だと思いますか？　また、どのようにしてお子さまにできるだけ長く続けさせようと思いますか？

それを明確にイメージしてみて、そしてその通りのことをあなたの教室で実践することが、他の教室に変わらせず、できるだけ長く続けてもらう秘訣なのです。

私たちは実際、3人の子どもを自分の教室に通わせ、他の生徒さんたちと同様に家でするべき宿題も決められた内容通りにこなさせるようにしています。すると当然、レッスンや宿題の内容はあくまでも「自分たちのかわいい子どもにとってベストな内容」にこだわって考えるようになります。

ですから、失礼な言い方になるかもしれませんが、あなたの感覚が世間一般のお父さんやお母さんの感覚とよほどズレていない限り、「自分たちの子どもを通わせたい教室」を基準に考えれば必ずうまくいきます。

カリキュラム以外のこだわりがお母さんをひきつける

他の教室に変わらせない教室を作るためには、自分なりのこだわりを持つことが不可欠です。もちろん、あなたはあなたなりのこだわりで、なにが一番よいのかを考えてもらえればいいのですが、参考までに私たちのこだわりについてお話しをします。

①週1回や2回程度のレッスンだけで英語を身につけることはむずかしいので、レッスンの内容に沿う、家で見たり聞いたりできる教材がある

②子どもたちに英語力がついていくのが目に見えるようにわかる
③講師やスタッフが子どもたちに深い愛情をかけてくれる
④英語以外のこと、たとえば、子育てのことやその他のいろいろな悩みについて相談できる、頼もしくて、かつ人間的に尊敬できる先生がいる

①と②は、具体的なレッスン内容や独自のカリキュラムへのこだわり、そして、③と④は、たとえライバルとして素晴らしい英会話教室が近くに現れたとしても、私たちの英会話教室に通い続けてもらえる要素です。

私自身は現在、レッスンを教えているわけではありませんが、いろいろなかたちでお母さん方や子どもたちと接触し、個人個人に合ったアドバイスを与えたり、また英語以外のいろいろな相談に乗るなどの役割をはたしています。

あなたの英会話教室でも、あなたの奥さまかあなた自身がこの役割を担い、なおかつ、それに力を注ぐことができれば、それがビジネスの成功に大きく貢献することは間違いありません。

では次項から、教室経営を成功させるための六つのポイントをくわしく説明しましょう。

1．1パーセントの疑問の余地もないくらいにレッスン内容に自信を持つ

私たちが徹底してこだわる五つのこと

これもまた大手スクールと異なることなのですが、提供するレッスン内容には、徹底的にこだわりを持つということが、小さな英会話教室には不可欠です。内容がこうでないといけないと決まっているわけではなく、あくまでもあなたが「こんな内容ならぜひ自分の子どもを通わせたい！」と思う内容であるということが重要です。

参考までに、私たちのレッスン内容に対するこだわりをお見せしましょう。

①講師はネイティブ、日本人ということで考えるのではなく、なによりも「高い英語力」と「英語を教える優れた能力」を兼ね備えている

②レッスン内容は徹底的に「右脳刺激」にこだわっている

③お母さんが英語が全くできなくても、まるでバイリンガルのママのように、家での宿題や取り組みを子どもと一緒に、楽しくできる副教材を渡す

④子どもの成長が目に見えるよう、シール帳を渡す
⑤お母さんが必ず同室し、積極的にレッスンに参加してもらう

こだわりを「熱く」語れますか?

あなたの教室のレッスン内容をこれらと同じものにする必要は全くありません。ただ大事なことは、あなたが自身の教室のカリキュラムやレッスン内容について自信を持ち、それについて「熱く語れる」ということなのです。

たとえば「うちの英会話教室では、講師は絶対外国人!」ということにこだわってもいいでしょう。ただし「こだわる」ということは、とりあえず外国人の講師を連れてくるということではなく、どんな感じの外国人講師がどんな声のトーンでどんな風に子どもたちに楽しくレッスンをしているのかというところまでを、あなた自身が「超具体的」にイメージし、その通り、またはそれに極めて近いものを提供することを指しています。

何度も言うようですが、あなたが運営する英会話教室は、大手英会話学校のようにコマーシャルをどんどん打てるわけではないので、自然に生徒が集まってくるということはありえません。ですから、「信念」が大きくものを言うわけです。あなたなりの「こだわり」でカリキュラムを立ててください。ポイントは、その内容を具体的に熱く説明できるか、という点です。

2．レッスン内容にプラスアルファの付加価値

子ども英会話教室が持つ、ビジネス上の優位性

レッスン内容にこだわったら、次はプラスアルファの付加価値をつけることを考えましょう。何度も繰り返すことになりますが、この子ども英会話ビジネスの利点は、いったん入学した生徒全員が、ほぼ例外なくリピーターになるということです。

それがいかに効率のよいビジネスであるかを認識していただくため、あなたがコンビニを経営していると考えてみてください。そこに買い物に来たお客さまにその場でなんらかの商品の自動払い込み用紙に記入してもらえば、毎月その人に商品が自動的に発送され、それと同時にその対価があなたの銀行口座に振り込まれてくる契約システムがあるとしたら……。どうですか？　少し、イメージできましたか？　子ども英会話教室とは、大雑把に言ってしまえば、このようなビジネスなのです。ですから、しっかりと準備をして用意周到に進めていけば、成功する確率が高いものだと言えるのです。

abc 成功後も常に転落の可能性

しかし、その自動振り込み契約の後、「これで一丁あがり」とばかりに、すべてを放りっぱなしにしておくと、とんでもない落し穴が待っています。ここでもう一度コンビニを例にして考えてみましょう。

コンビニというのは皆さんもご存知の通り、ありとあらゆるところに存在します。それがセブンイレブンであれ、ローソンであれ、はたまたファミリーマートであれ、コンビニはコンビニでそれほど大差はありません。同種の競合がたくさんあるということです。

このため立地のよい場所にコンビニをオープンして大成功を収めたとしても、その成功を知った他のコンビニがすぐ近くに、もしかすると、よりよい場所に出店してくる可能性が大いにあるのです。

そこで、あなたのコンビニと契約をしているお客さまの家に「信号一つ分近い」場所にコンビニが出店して、全く同じ金額の、全く同じ商品を取り扱うとすると、このお客さまはどのような行動を起こすでしょうか? 今、皆さんが即座に予想された通り、そのお客様は翌月にはあなたのコンビニとの契約を解除して、その「信号一つ分近いコンビニ」で同じ商品の新たな自動振り替え契約を結ぶはずです。

付加価値はなんでもいい

せっかく獲得したオートマティックのリピーターを手放すことは、ビジネス的にも精神的にも非常に悲しいことです。ですからこのような状況は、是が非でも回避しなければなりません。そこでこちらができることはなんでしょうか？　「同じ金額の同じ商品」で立地も悪いのなら、付加価値の高いサービスで対抗するしかありません。

付加価値と言うと大げさに考えられるかもしれませんが、いろんなものがあります。たとえば他のコンビニよりも明らかに「愛想のよい対応」と言うだけでも立派な付加価値です。それでそのお客さんに「感じがいい」と思ってもらえれば、今後もリピーターとして自動振り替え契約を続けてもらうことができます。

では、これを子ども英会話教室に当てはめてみましょう。本来は英会話のレッスン内容で勝負をすべきなのですが、これは受講者によってものさしが違い、一概に「うちの教室のレッスンは最高だ」＝「生徒に好評」とはならないため、ここではあえて付加サービスに焦点をおいてみます。

英会話教室もコンビニと大差なく、あちこちに点在しますので、「自宅から近い」という理由だけで教室を辞められる可能性があるのです。ですから付加価値をプラスして「あそこに行きたい」という「なにか」を持つ必要があります。その「なにか」は多ければ多いほどよく、その数を増やすこと以上に、内容の重要なものを持っておくべきです。

abc スタッフ〜お母さんのコミュニケーションもチェック

実際に私たちの学校では以下の付加価値をつけています。

①とにかくお母さんや子どもたちと信頼関係を築く

私たちはスタッフに「お母さんとコミュニケーションを取るように！」と口をすっぱくして言い続けています。教室に来たときには「Hello!」、帰るときには「See You!」などの声かけをするのはもちろん、レッスン前後にも子どもたちやお母さんとできる限り話をするようにしています。

一番大事なことは、あなた（あるいはあなたの奥さん、またはスタッフ）とお母さん、そして子どもとの関係です。毎回顔を合わせていろんなお話をしたり、アドバイスをすることで、しっかりとしたコミュニケーションを取ることができ、なおかつ信頼される存在になれれば、お母さんも子どもたちも生徒からファンへ、そしてさらに信者へとなっていきます。信者になるとこれまで述べてきた口コミも非常に起こりやすくなります。

しかし、スタッフを持つのであればここで注意すべき点があります。それはそのスタッフの話し方や口調をチェックすることです。スタッフ本人にその気はなくても、お母さんの気分を害してしまったり、やる気をなくさせるような言動があるかもしれません。

私たちの教室でもこのようなことが起こり、知らない間にお母さんの間で不信感がつのり、同時期に何人もの生徒が辞めてしまったことがありました。こちらが横で聞いていて「そんな失礼なことを言ってどうするの!?」という発言があったので後から注意しましたが、当の本人はそれを「失礼」とは感じていないので、どうしようもありませんでした。

憤慨してしまったお母さんに謝罪をさせても、そのスタッフは悪いと思って謝っているわけではないので、「心からの謝罪」ではなく、「口だけの謝罪」となり、それが火に油を注ぐ結果にしかならなかったこともありました。

自分の教室を助けてもらうために雇ったスタッフに自分の教室を壊されてしまっては笑い話にもなりませんので、スタッフの言動にはくれぐれも注意して、築いた関係が壊れるようなことが決して起こらないようにしてください。

一歩ずつ信者への階段を上ってもらう

②1~2ヶ月に1回は母親教室を開催する

前述の「①お母さんや子どもたちと信頼関係を築く」をより強固なものにするために、私たちは〝マザーグースの会〟と呼ぶ母親教室を定期的に開催しています。内容は英語のマザーグースの歌の練習（英語の読み方や発音の仕方から歌の指導まで）をみんなでするというものです。所要時間90分のうち、30分くらいで歌の練習は終え、その後の時間に子どもの英語教育や育児についてのお話をしたり、また悩みの相談会を開いていますが、私たちの教室ではこれがお母さんとの心の絆を築く最も重要なツールとなっています。

小さなお子さんを持つお母さんは、周りが思うよりも、それなりの悩みや疑問をたくさん抱えています。他人にはたいしたことではなくても、そのお母さんにはとても大事なことである場合も多々あります。

それらの悩みを一緒に考えて解決したり、知らない知識を共有することによって、私たちとお母さんの関係性を高めていくことができます。そうすることで、前述した「生徒↓ファン↓信者」という階段を一段ずつ上っていってもらうのです。

信者になってくれたお母さんは、こちらがなにもしなくても次々に新しい生徒を連れて来てくれます。そしてそれらの生徒とは話が早く、こちらがいろいろと考えて接しなくてもほぼ確実に入学してくれるので、これほど楽で確実なことはありません。しかし、そこに行き着くまでにはさまざまな仕掛けを考えて、それらを実行に移さなければならないということも忘れないでください。

3．英会話学校で英会話以外のことを教える

お母さんをあなた〝中毒〟にする

前項で、普段のレッスン前後のちょっとしたコミュニケーションの他に「母親教室」というものを1～2ヶ月に一度、開催していることを説明しました。

この催しに、お友達のお母さんを連れてきていただいて、口コミ入学につながるケースも少なくありません。

「母親教室」では、レッスン中に子どもたちが歌うマザーグースという英語の童謡の歌の発音指導をしたり、英語から全くかけ離れた「子育て座談会／相談会」のようなものを行なったり、こちらから一方的に情報を与える勉強会のようなものをしたり、これらをいくつか混ぜ合わせたものを実施したりと、その時々でいろいろと違った内容で開催しています。

子育て相談会で質問される内容は、教室から出る宿題の効果的なこなしかたや、宿題をさせる際の子どものモチベーションの上げ方にはじまり、「最近気に入らないことがあると子どもが

よくものを投げるようになったがどうすればいいか」、「幼稚園で自分の子どもをいじめてくるお友達がいるがどうしたものか」、また「小さな頃から喘息で体が弱いので、どのように体質改善していけばいいか」など……。話だけを聞いていると「ここって本当に英会話教室？」と思ってしまうようなものもあります。

なぜ、「母親教室」が必要なのでしょうか？　それは、人間は誰でもなにかに「頼りたい」という気持ちを持ち合わせているからです。普段からコミュニケーションを図り、お母さん方のちょっとした「質問」や「疑問」にその都度対応していくことや、「自分自身の子育て体験」を語ることで、「この教室に来ればいろんなことを教えてもらえる」と思われると、お母さん方の「頼りたい」という気持ちを満たすことができます。

あなたの奥さまかあなたはぜひ、「頼りたい」と思われる「頼れる人」、「頼られる人」であってください。

abc 引き出し豊富な先生になろう

勉強会では、セミナーや研修、読書などから得た知識をもとに、お母さん方が興味を持ちそうなことについてお話をします。

毎月、さまざまな情報を発信するニュースレターも作り、その中に勉強会で話す内容や子育てについてや、体に優しい商品の情報などを載せています。

私はたまたま自分に子どもができてから、環境にやさしい商品、体によい食物、心理学の分野などに興味が出てきたため、勉強をしてきました。その延長で幼児教室まではじめ、子どもの脳の仕組みについても情報が入ってくるようになったので、このようなことについてお話できるようになりました。

あなたやあなたの奥さまの場合も、自分が得意なこと、興味のあることからはじめ、多くの本を読んで楽しく知識を増やしていくと、いつのまにかいろんなことについて話せるようになってくると思います。

最初はどんな質問が飛び出すかわからないテーマを避けて、あなたや奥さまが主導権を握れるものから入っていくとやりやすいでしょう。

当たり前のことなのですが、通常の子ども英会話教室は「ただ子どもに英会話を教えている」だけなので「この教室から離れられない」といった要素が非常に少ないのです。ですからあなたの教室はぜひ、「いろんなことを教えてもらえ」、「頼りになる」オーナーがいる教室にしてください。それが生徒やお母さんをひきつける要素になります。

4．小さな教室にしかできないことを徹底する

小さな教室ならではの密なコミュニケーション

私たちが運営する小資本の英会話教室が大手英会話スクールに対抗するためには、大手のスクールがやっていないさまざまなことを徹底的に行なうことが必要です。私たちの教室では次のようなことを実行しています。

①お誕生日に、デジカメで撮った写真を添付したコメントつきのバースデーカードの送付
②ハロウィーン、クリスマス、発表会、キャンプなど、イベント時に撮った写真のプレゼント
③子どもたちの成果、お母さんの欲しい情報などを載せたニュースレターの発行
④欠席した生徒へのその日のうちの振替レッスンの案内を兼ねた電話連絡
⑤毎月行なう母親勉強会
⑥進路、健康その他の相談

■手作りのニュースレター

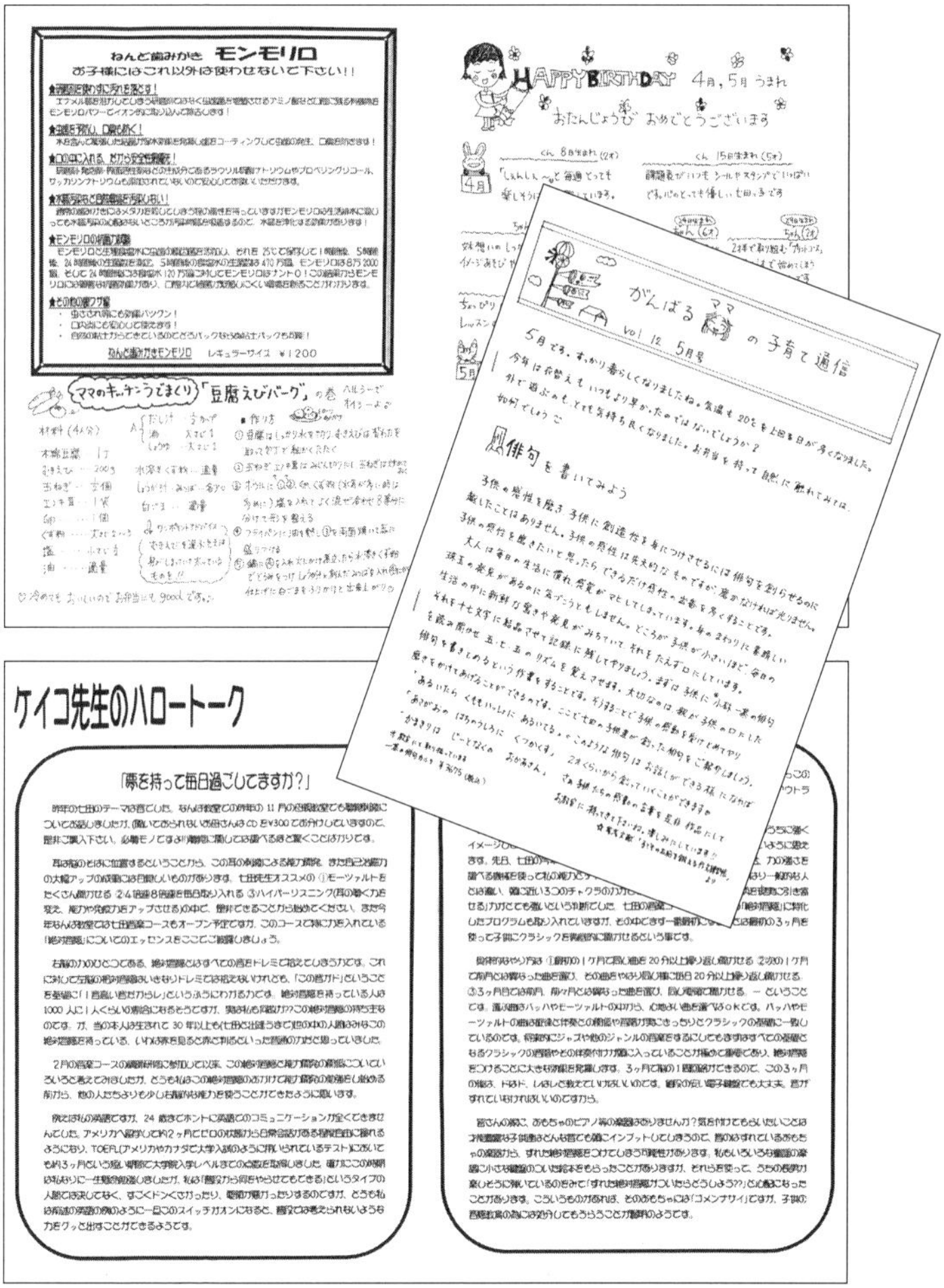

というように、どの項目も「お母さん方とのコミュニケーション」がベースになっています。「あの英会話教室に行けば元気になる」、「来ればホッとする」と感じてもらえるような雰囲気作りと、「あなたのことをいつも気に掛けていますよ」というメッセージを一人ひとりの生徒とお母さんに発信し続けることに力を注ぎましょう。

生徒をつなぎとめるささいなこと

「母親勉強会」や「ニュースレター」といったことだけでなく、④の「欠席した生徒へその日のうちに連絡する」というような、見過ごしてしまいがちな細かいことを徹底することが、後々に大きな違いとして実を結びます。

なんとなくやる気が低下して休んでしまった生徒を「大丈夫だろう」とちょっと放っておくだけで、驚くほど簡単にそのまま退学してしまうケースがよくあります。レッスン後にたった1本の電話を入れ、「お風邪でも引かれましたか？　心配していたんですよ」と言うだけで「気にかけてもらっているんだ」と安堵感が生まれると同時に、「次回は必ず行かなくちゃ」という義務感を促すことができます。

こういったほんの少しの、一人ひとりに対するケアをするかしないかで、あなたの教室の生徒数は大きく変わってしまうのです。

5・英会話力がついたことを目に見えるかたちにする

「継続顧客」を生み出すコツ

親である自分が英語ができないために「子どもを英語に触れさせたい」、「外国人に慣れさせたい」と思って英会話教室に来た方の場合、その気持ちだけでレッスンを長く継続することは、正直に言ってとてもむずかしいことです。

私たちの対象とする「一番顧客」は「長く続けてくれる生徒」なので、「いかに新しい生徒を募集するか」ということより「現在の生徒にいかに長く続けてもらうか」と考えることに、より多くの時間を費やしていくことが求められます。

どのお母さんも、間違いなく子どもに英会話力がついたということを実感したなら、その教室にずっと通わせたいと思うのです。

ところが、「英会話力」というものはあいまいで、ものさしで計ることができないため、どれだけ力がついたかを実感するのがとてもむずかしいのです。

絶大な「シール効果」

そのあいまいでわかりにくいものをできる限り「目に見えるかたち」にすることが、子どもに力がついたことを「実感」してもらうことにつながり、そしてそれが「継続学習」にもつながるのです。

そこで、私たちの教室でうまくいっている「目に見えるかたち作り」のソフトをご紹介しましょう。

①絵本の暗唱……合格すれば個々に持っている専用の台帳にシールを貼る
②英会話文の暗唱……1ページ覚えるたびに専用台帳にシールを貼る
③月ごとの課題表……家で聞かせたり見せたりする副教材に、シールを貼る表を渡す
④児童英検、英検の受験を進める
⑤発表会を毎年行なって目標作りをする

英検や発表会が年に決まった回数しか行なわれないのに対し、①と②の「暗唱もの」は毎日の成果を毎週のように実感できるものです。

■「やる気を高める」シール台帳

♣ 課題チェックシート（April）♠

Kids

曜日	1日(金)	2日(土)	3日(日)	4日(月)	5日(火)	6日(水)	7日(木)	8日(金)	9日(土)	10日(日)	11日(月)	12日(火)	13日(水)	14日(木)	15日(金)
さわこ/ゆきお															
絵本															
カード															
ビデオ															
SONGS															

曜日	16日(土)	17日(日)	18日(月)	19日(火)	20日(水)	21日(木)	22日(金)	23日(土)	24日(日)	25日(月)	26日(火)	27日(水)	28日(木)	29日(金)	30日(土)
さわこ/ゆきお															
絵本															
カード															
ビデオ															
SONGS															

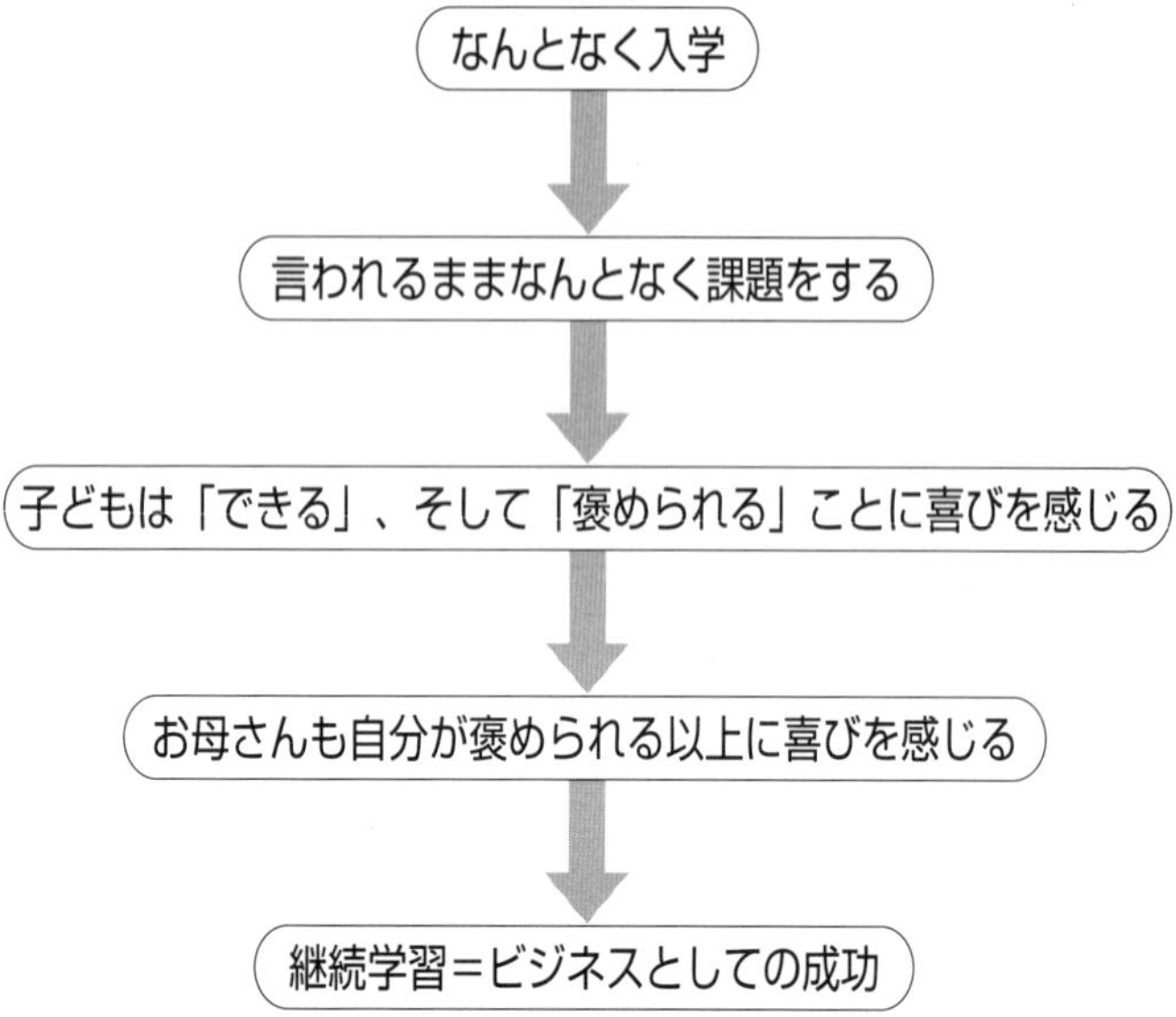
なんとなく入学
言われるままなんとなく課題をする
子どもは「できる」、そして「褒められる」ことに喜びを感じる
お母さんも自分が褒められる以上に喜びを感じる
継続学習＝ビジネスとしての成功

どのような絵本を使えばいいのか、また、その絵本の探し方などは7章で紹介しますので参考にしてください。

①、②、③の共通点は「シールを貼る」ということですが、暗唱に合格したときに貼るシールにしても、③の課題表にお母さんが毎日貼るシールにしても、必ず子どもが喜ぶものを選ぶようにしてください。私たちが想像する以上にこの「シール効果」は絶大です。

家での課題ができたらシールを貼る「課題表」にしても、子どもには「好きなシールを貼りたい」という気持ちと「表を埋めたい」という両方の気持ちが働くようです。最後の締めに先生に「ものすごく」褒められるとますますやる気を出してくれます。

するとお母さんが子どもに乗せられるかたちで、家で熱心に子どもの課題を見るようになり、お母さんも同時に達成感を得ることができます。

こうなると「気持ちのいい勉強」がクセになり、他の英会話教室に変えようという気さえ起こらなくなっていくのです。

試験実施は「諸刃の剣」

「目に見える」ソフトとして、6歳までは児童英検、小学生以上は英検の受験もおすすめです。

ただ、英検の難易度は児童英検とは格段に違うので、必ず不合格者も出てくることになります。ですから特に英検の場合は「合格」だけにフォーカスしすぎると不合格になった子どもの「やる気」を損ねてしまうことにもなりかねないので、細心の注意が必要です。万が一残念な結果になったとしても、それが次回の受験に向けての励みになるように指導することを忘れないようにしてください。

英検については5章でくわしく説明します。

6．新規の生徒よりも在籍生に目を向ける

在籍生が持つ無限の可能性

子ども英会話教室を大きくするには生徒数を増やすことが必要で、それがビジネスの成功と言えることは確かなのですが、ビジネスを成功させるために「どんどん新しい生徒を募集しなくっちゃ！」と、新規生を獲得することばかりに目を向けてしまうと、私たちのような無名の教室は逆に空回りしてしまいます。

あなたがエネルギーを注ぐべきことはあくまでも、内容にこだわってお母さん方から頼られる存在になり、子どもとお母さんの両方をあなたの教室のファンにしてしまうこと、そして、教室という場を徹底的に活性化させること、この二つです。

と言うのも、教室に来るお母さんの友達はやはり同じような年代の子どもを持つお母さんであり、お母さんの兄弟や親戚の人たちにも小さな子どもがいる可能性は大きいのです。これは、在籍生からの口コミ入学が期待できるということを意味します。その点を「わかっているつも

り」で見過ごすのではなく、しっかりと理解し、この1点にフォーカスしてください。

なぜ紹介のお礼にお金を渡してはいけないのか

ただし、口コミ入学に焦点を合わせすぎて、あまりに露骨なシステムを作ると、失敗するケースもあります。

たとえば私たちの教室では、紹介を受けた方が入学すると、紹介者に5000円の現金をお礼として渡していた時期がありました。

しかし、「口コミ入学率が急上昇してビジネスは大成功!」ということには、残念ながらなりませんでした。

そこで原因を調べた結果、あまり大々的に「紹介していただくと5000円差し上げます!」とピーアールしてしまうと、お金を貰えること自体はうれしい反面、紹介された人に「5000円が目当てで紹介したのね」と思われるかもしれないとの懸念があることがわかり、この制度は取りやめました。

そこで現在では、紹介者と紹介された方の両方に、子ども向けの英語のビデオを差し上げていますが、あくまでも単なる「お礼」の気持ちと考えてお渡しすると両者にとても喜んでもらえます。「みんなビデオが欲しいだろうから、この作戦で口コミ入学を増やそう」などと思ってしないことが賢明のようです。

紹介してくれるお母さんは、紹介した人に「いい教室を紹介してくれてありがとう」と言ってもらえることが何よりうれしいのです。

あなたも、おいしいレストランを誰かに紹介した結果として5000円の食事券がもらえたらうれしく思うでしょうが、そのお店が露骨に「紹介していただけたら5000円を差し上げます！」とうたっていたら、逆に紹介しにくくなったりするのではないでしょうか？

活気ある教室で起こる〝不思議なこと〟

次に、教室を活性化させる方法をお話しします。基本的に、こだわりのレッスン内容、コミュニケーション、母親勉強会、ニュースレター、発表会などの行事すべてを通して、いかに子どもたちやお母さん方に満足してもらえるかを追及することにより、その教室の「場」が盛り上がり、常に活気にあふれた状態になります。

教室をこういう状態に保つことにより、在籍生からの口コミ紹介が増えるということはどなたも理解できると思います。

しかし不思議なことに、在籍生とは全く関係のないところからの問い合わせ電話も増え、そのほとんどが入学につながるということまで起こるのです。

■イスク英語学院の全入学者数および口コミ入学者数

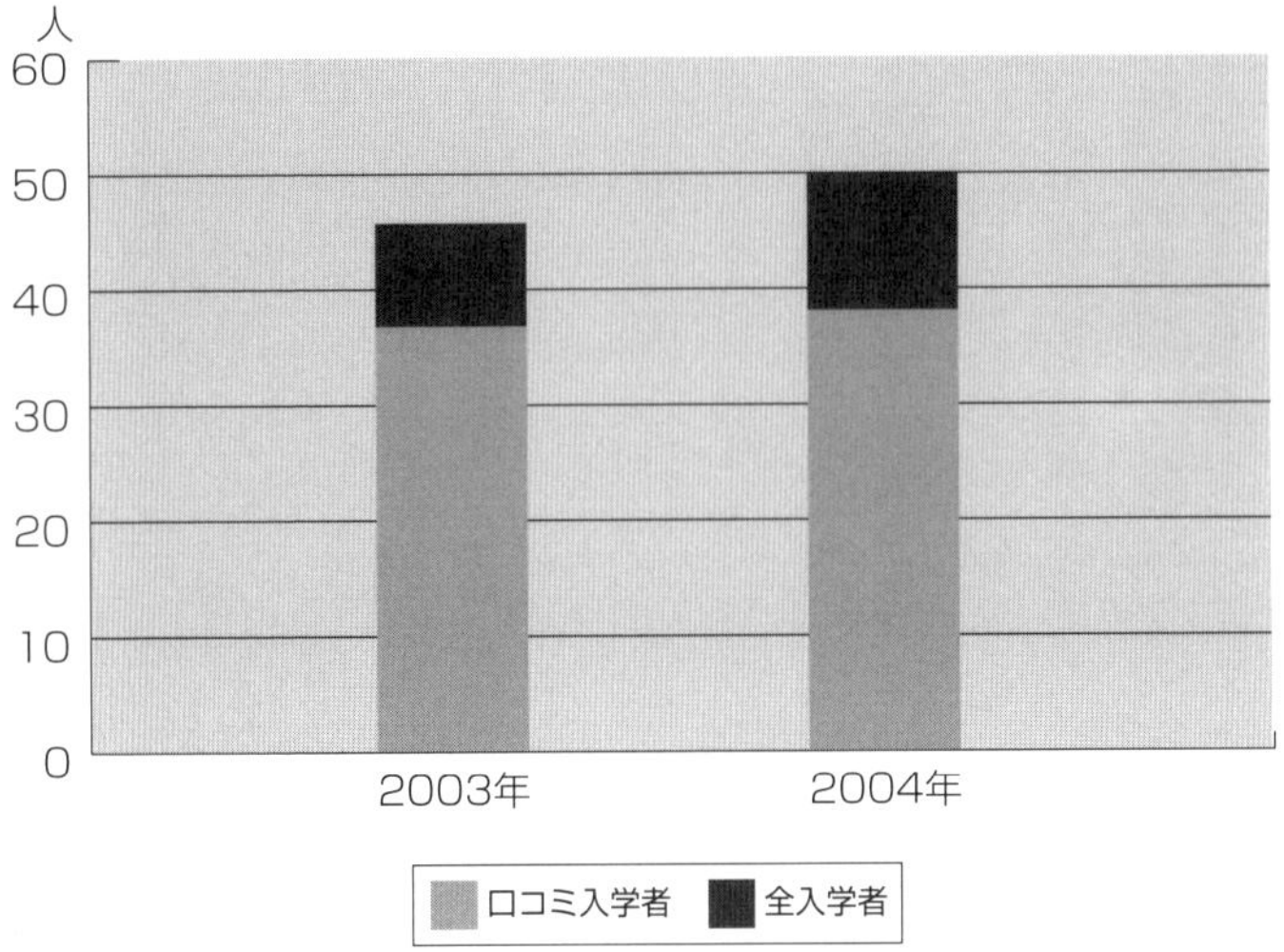

私たちの教室では、私が大人のカリキュラム作りより子ども英会話のほうに力を入れようと決め、エネルギーを注ぎはじめてから、従来から内容を変更していない広告や、今まであまり反応のなかったホームページからの問合わせまでがどんどんと増えるようになりました。

電話問合わせから体験レッスン、そして入学へとスムーズにことが運ぶようになりました。その結果、半年で生徒数は2倍になったのです。このときは「場の力」を感じずにはいられませんでした。

皆さんも私たちの失敗、成功、両方の体験を参考に、ビジネスを成功させてください。

4章

これだけは避けたい！
やってはいけない5つのポイント

広告会社の口ぐるまに乗るな！

こんなにある、広告の掲載媒体

皆さんは仕事でチラシや広告を出したことがありますか？　経験のある方は、広告宣伝にどれくらいの費用がかかるものなのかご存知だと思います。

ここでは、あまりその分野について知らないという方を対象に、媒体別の特徴と掲載費用を説明します。

①ミニコミ誌……隔週・月刊が多数。行広告なら1回1万円くらいから出せるので効率的。ただし、枠広告になると一気に10万円単位に跳ね上がる

②新聞折込みチラシ……地域限定でできるので、使い方によっては効果的。しかし、部数にもよるが、原稿作成から折込み代まで入れると20～30万円くらいはかかる。自分でチラシを作成して近くの新聞販売店に持ち込むことも可能。これでかなり値段を下げることができる

③ポスティング……低コストなため、最初はどうしても頼らざるをえない媒体。自分でワープ

ロでチラシを作成し公共機関の印刷機を用いれば、カラーコピー用紙と印刷費を合わせても1枚あたり1円くらいで製作可能。自分でコツコツ撒きましょう

④タウンページ電話帳……安いものから高いものまでいろいろ。あまり集客は期待できないが、できれば月々2万円くらいまでの出費を覚悟で2色刷りの枠広告を出すのが望ましい。ただし、年1回の発行なので毎年春くらいから動き出し、10月くらいには次年度のデザインなどが最終決定するので、申込みの時期を逃さないこと

⑤ケイコとマナブ……読者が広範囲におよぶので当てはまらない。料金は1／12ページで10万円くらい。見開きになると200万円以上にもなる。ちなみに似たようなお稽古情報誌ではケイコとマナブの料金の50～75％程度の価格設定が多い

⑥新聞……これも範囲が広く都道府県単位あるいはそれに近いものになり、その分高額なので対象外。しかも1日1回コッキリなので、効率も非常に悪い

失敗しても〝自己責任〟

ひとことで言ってしまえば、広告料金は非常に高額だということです。

その上、広告会社の営業マンは「絶対に自信があります」と言ったとしても、反応がなかったときに補償してくれるわけではありません。チラシの効果が悪かったとしても、広告会社は

「チラシの内容を変えれば次は大丈夫」だとか「雨が降っていたから反応が鈍った」などのいろいろな言い訳をして、もう一度、さらにもう一度、と契約を迫ります。

そして「チラシは継続的に打たないと効果が出ませんから」などと言ってまたもう一度……。気がつけば、百万円単位のお金を広告会社に差し出しただけで、チラシから入学した生徒はゼロなんてことも日常茶飯事です。

半年前にもこのようなことがありました。「お稽古関係専門のチラシを作っていて、前回の第1回目が大好評だったので今回の第2回目を企画しました」と、ある広告代理店より連絡がありました。「絶対に反応がある！」というセールストークに対し、「じゃあ、反応がなかったら？」と聞き返すと「責任を取ります」と言うので掲載したところ、反応は電話1件のみ。そこで、その結果に対して詰め寄ると、「近いうちに新聞の広告枠に無料で掲載させていただきます」と言われたのです。

その場はそれで矛を収めましたが、その後はなしのつぶて。電話をしてもいつも本人とは連絡が取れない状態です。

広告代理店のセールスマンがこのような人ばかりではないでしょうが、広告を出す場合は自分の目でしっかりといろいろなことを確かめた上で、選択することが賢明です。

ホームページは自分で作れ！

「作って終わり」じゃないのがホームページ

前項の広告の部分では触れませんでしたが、じつは現在、一番反応のある広告媒体はなんと言ってもインターネットのホームページです。一度アップロードしてしまえば、通常の広告のように高額の費用がかからないという利点がありますので、力を注ぐようにお願いします。

ただ注意してもらいたいのは、レッスン風景などの写真を載せ、自分の教室の方針や内容をホームページ上でピーアールすることは大切ですが、それは誰が見ても非の打ち所のない見栄えのよいものを作るということと同義ではありません。逆に手作り感のあるホームページのほうがアットホームな印象を与えることができ、効果的なほどです。

そして肝心なことですが、よほどお金に余裕がある場合を除き、業者に作成を委託することは避けてください。

その理由は、かなりの費用がかかるということと、自分の思いがなかなかデザイナーに伝わらず、理想的なサイトになりにくいためです。

業者に委託した場合の費用は、初期投資（いわゆる制作費）に10〜30万円を最低ラインとして考えておくといいようです。その際の費用は初期投資のみであって、これがすべてではありません。たとえば、行事やスケジュールなどの情報は常に更新する必要がありますが、その度に5000円〜2万円程度はかかってしまいます。

ときには親切な業者もいて、製作後にすべてのコンテンツをこちらサイドでいつでも好きなときに変更できるようにしてくれる会社もあるようですが、コンテンツの権利自体をその業者が持っていると主張し、その業者を通してしか変更できないということもあるようです。

私たちも7年ほど前に、業者に言われるまま申込みをしたことがありました。できあがったホームページはこちらが作成したチラシをそのまま転載しただけなのに、数年間で支払った合計金額は、なんと100万円以上にもなりました。もちろん、集客することでそれ以上の収入を上げられなかったことは言うまでもありません。

思い通りのホームページにするためには

製作を業者に委託すると、自分のイメージと全く違うものができあがってしまい、修正をお願いしてもなかなか思うようなものを作ってもらえないことも起こりえます。そのうちにだんだんと面倒臭くなったり、何度も修正を頼むことに罪悪感を持つようになったりして、最終的には「もうこれでもいいか。ないよりはマシだし……」と妥協することになりがちです。しかしこれではプロに頼んだ意味が全くありません。

以上のことを考慮に入れると、一番の得策はホームページを自分で作ることです。今では「ホームページビルダー」という、素人でも立派にホームページを作れるソフトがあるので、これらを使って自分の思うようなものを作ることをおすすめします。また、パソコンに疎い場合なら、友人、あるいは友人の友人などに当たって、格安（高くても5万円まで）で作ってくれないかと頼んでみましょう。

そのときに必ず、

①ホームページビルダーを使って製作してもらう

②製作後にそのホームページの基本的な操作の仕方を教えてもらう

の2点を了承してもらってください。

①の理由は、万が一「ホームページビルダー」以外のソフトで作られてしまうと、その後のホームページの変更や追加などの操作ができないからです。②の理由はもちろん、最低限の操作方法を知っておかないと宝の持ち腐れになってしまうからです。

閲覧回数をぐんぐん伸ばすコツ

■イスク英語学院のホームページ http://www.jin.ne.jp/isk

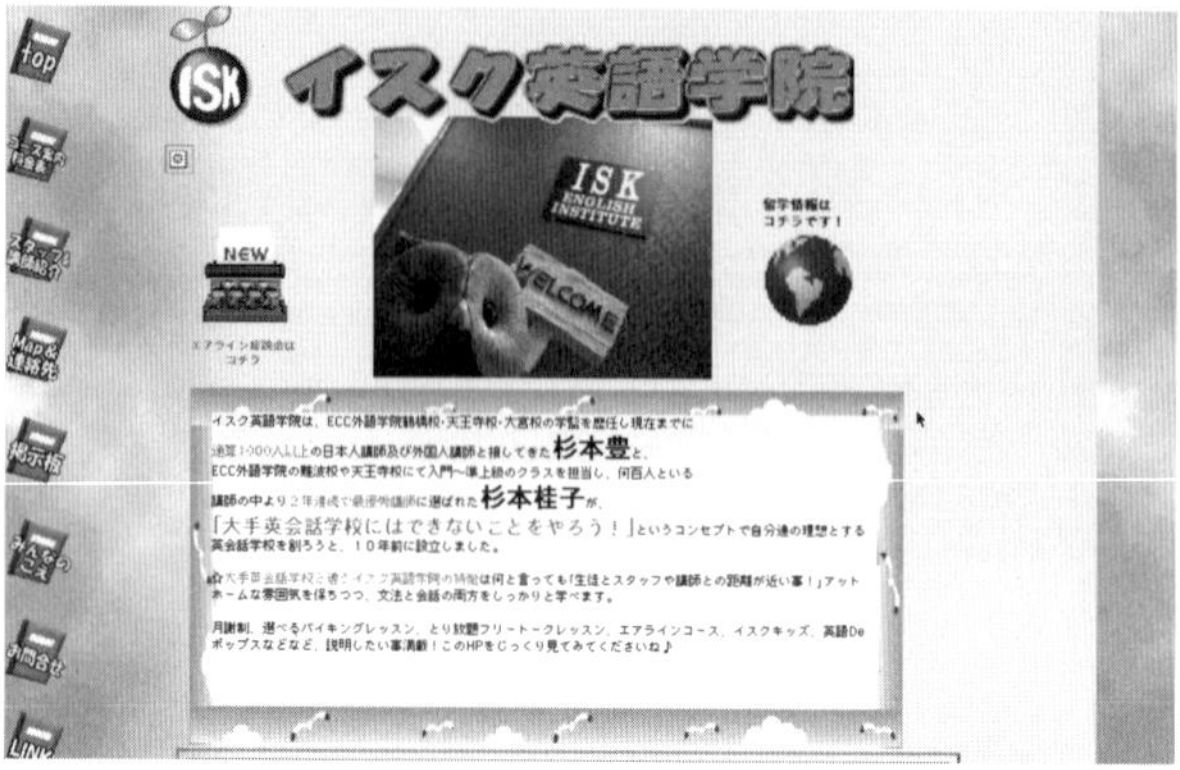

ホームページの製作が完了してアップロードできたら、必ずヤフーに登録をしてください。サーチエンジンに登録するのとしないのとでは、ホームページの閲覧者数が大きく変わります。登録は無料でできるものと、「ビジネスエクスプレス」という、ヤフーに料金を支払って登録をする二つの方法があります。

ではこの二つの違いはなんだと思いますか？　無料の方法では登録にかなりの日数がかかる上に、登録される保証はありません。一方、ビジネスエクスプレスは登録審査料として5万円が必要ですが、3日くらいで審査結果が報告され、登録される可能性も非常に高くなります。

ヤフーはサーチエンジンとしては圧倒的にシェアが高いので、登録審査料をかけてでもビジネスエクスプレスを通して登録することを強くおすすめします。

不十分な監督があなたのビジネスをだめにする

私たちの手痛い失敗

教室が大きくなってくると、あなたとあなたの奥さんの他にもスタッフを雇う必要がでてきます。日常業務やレッスンを少しずつスタッフに任せていくことは、ビジネスを拡大する上で必要なことなのですが、監督することをおろそかにしてはいけません。

私たちの場合、難波本校でのレッスンが忙しくなったのと同時期に出産し、自分たちの子どもが増え、よりいっそう手が掛かるようになったという理由から、堺教室を「信頼できる」と思ったスタッフに任せる方向に動いたことがありました。

結果としてどうなったかと思いますか？　レッスン内容はいつの間にかこちらの指示と大幅に異なるものとなり、事務処理やお母さんとの事務連絡もとてもいい加減に行なわれたために、休講日にもかかわらず生徒が来たり、生徒よりも遅く出社して、生徒を外で待たせたこともありました。

また、いただくべき大切な月謝をもらっていないことや、月謝の引き落とし用紙をきちんと処理しなかったために1年以上も月謝をいただかずにレッスンを受けている生徒もいました。挙句の果てには、ある大人の生徒に「私が個人的に教えてあげる」という約束をしていたことが発覚したり、数え上げるとキリがないほど色々なトラブルがありました。

管理システムを作りましょう

私たちのような小さな教室の場合「信頼」がすべての基本になりますので、このようにたった1人のスタッフの仕事ぶりが、ビジネスそのものを大きく左右してしまいます。

自分が指示した通りのレッスンを保つためには、口頭で確認するだけでなく、必ず定期的にクラスを見学することが必要です。

また、月謝の管理をはじめとするさまざまな事務処理についても、目で見てすぐわかるものを提出してもらうようなシステムを作りながら、うまくポイントを押えて「監督」していくことが大事です。

クレーム処理が新規紹介につながる

ピンチはチャンスに変えられる

人を雇うと、多かれ少なかれ必ず問題が発生します。英会話教室運営というのは「商品売り切り型」のビジネスとは違い、お客さま（生徒・お母さん）と講師が常に接する、「コミュニケーション」なくしては成り立たないビジネスです。

商品の一つが人（＝講師）であるため、多少のトラブルや誤解はある程度覚悟しなくてはなりません。

しかし、じつはクレームが発生したときこそが、その相手との「信頼」のパイプを太くするチャンスなのです。なにか問題が起きたときには、なにはともあれ、あなたもしくはあなたの奥さまが即座に前面に出ていくことです。

と言うのも、スタッフがいくら一所懸命にクレームに対して説明しても納得しないお母さんが、責任者が出てきたとたんに態度を和らげるというパターンがよく見受けられるからです。

「安心感」をいかに与えるか

　私たちの例をあげると、副教材のＣＤの録音状況や読み上げる調子などについて、スタッフがお母さん方から苦情を言われるということがありました。私が指導するままにスタッフは説明をしたのですが、そのお母さん方は納得がいかない様子でした。そこで翌週のレッスンに私が顔を出し、スタッフが前週に話したのと同じ内容を説明すると、お母さん方はその場ですぐ納得してしまいました。同じことを説明しただけなのにこの違いはなんだったのでしょうか？

　じつはポイントは「安心感」なのです。体験レッスンを受講された方に、私は必ず次のようなことを伝えます。「講師やスタッフがある程度変わることは、残念ながら完全には避けられないのですが、私は一生ここにいます。何かあればいつでも私に言ってください」。ここでまず「安心感」を与え、何かあったときには、常駐していない私が出ることで、さらに「安心感」を高めることができるのです。もちろん安心感を与える「ふり」だけでは本当の安心感は伝わりませんので、生徒たちのことを考えて、その都度ていねいに対処していくことが必要です。

　なにか起こるたびにしっかりと対処すれば、苦情を言ったお母さんとも自然とよいコミュニケーションが取れるようになり、その結果、ずっと教室に通い続けてくれるだけでなく、お友達をたくさん紹介してくれるケースもよくあるのです。

講師の選択ミス

伸び悩んだときに見直すべき点

よくわからない理由ですぐに辞める生徒が多かったり、体験レッスンを受けてもスムーズに入学しないことが頻繁にある場合には、受講者側の退学理由や入学しない理由を追求するより、スタッフやあなたの対応を見直した上で、レッスン内容をもう一度確認することのほうが、結局は近道である場合が多々あります。

このビジネスは、何度も繰り返しているように、お小遣い程度の初期投資ではじめることができ、軌道に乗るまでの維持費もほとんどかからないことに加え、対象が子どもなので驚くほど継続率が高く、そのスピードに差こそあれ、しっかりと運営すれば必ず拡大するビジネスです。

それにもかかわらず、ゆったりとしたものであれ、右肩上がりであるはずの曲線が、あなたの教室では右肩下がりになっているとすれば、必ず改善すべき点があるはずだと考えてくださ

■よい講師の条件

レッスンに関して	レッスン以外
●リズム、テンポがよい（速いくらいがベター） ●自分たちから見ても引き込まれる感じがする ●英語やティーチングに関して勉強熱心	●すすんでレッスン前後に生徒たちとコミュニケーションを取る ●いつも準備をきちんとしている ●よりよいレッスン作りに励み、常に工夫をしている ●いつも時間に余裕を持って教室に来る

い。決して受講者側の問題ではないのです。

検討すべき大きな要因の一つに、英会話教室ビジネスの「商品」とも言うべき「講師」の質をあげることができます。

ただ、このビジネス、もしくは英会話の世界に初めて入る方にとって、一体どんな講師がよい講師でどんな講師が悪い講師なのか、またどんなレッスンがよくてどんなレッスンが悪いものなのかなどを判断することはむずかしいと思いますので、私たちが経験を通して見つけた「よい講師像」を参考にしてください。

「ビジネスのキー」を厳選しよう

この表の条件に当てはまらない講師が

「好ましくない講師」となるわけですが、あなたが採用するのは、「〝大手〟の看板を背負う、いくらでも交換要員がいる大勢の講師のうちの１人」ではないことを忘れないでください。

たった１人の講師があなたのビジネスのキーを握っているとも言えるわけですから、講師に関しては正しい目をもって厳しく選択し、なおかつしつけながら育てていかなければいけません。

講師自身も自宅などで教室を開いていて、週に１～２回程度のアルバイトとしてあなたの教室で働く場合、あなたの教室とその講師の教室の位置関係やスケジュール的な理由で、あなたの教室の生徒に自分の教室へ移るよう勧誘する人が稀にいますので、そのようなことにも注意を払わねばなりません。

「よい講師」の条件すべてを満たしていても、こういった勧誘行為をする人はいます。そういう例もあるということを覚えておいてください。

5章

私たちはこうして英会話教室を成功させた

気づいたら……看板など一切なしで半年で60人！

軽い気持ちで2校目を開校

私たちは大阪市内の中心地、難波で英会話学校の本校を運営してきました。そして約2年前に、二つ目の教室を自宅のある郊外の堺市に開校しました。小さな3階建ビルの3階を自宅にしていたのですが、すぐそばに引越したため、空きスペースが生まれました。それをいかに有効利用するかと考えた末の結論が2校目の開校という単純な理由です。

どこで英会話教室をはじめようとも、開校にあたって最低限必要なものは、以下の四つです。

①場所
②カリキュラムおよび教材
③講師
④タイムテーブル

私たちのケースでは、①は元自宅、②は難波本校で使用していたものをそのまま利用、③は外国人向けの英語のフリーペーパーを通じてフィリピン人の女性講師を採用、④はその講師と私のスケジュールを考えて、ひとまず週2回の仮予定を立てました。

集客したのはわずか15人

さて、まずは体験レッスンの日程を決め、続いて体験レッスンに来てくれそうな近所の知り合いをリストアップし、「遊びに来てね！」と電話をかけました。そのときの電話で友人や知り合いへの声かけもお願いしたところ、たった1日で20人ほどの幼児から小学生までの体験入学参加者が決まり、そのうちの15人が体験レッスン当日にその場で入学を決定してくれました。開校キャンペーンということでその人たちの入学金は0円にして、仮設定してあったタイムテーブルも、その生徒たちのスケジュールをもとに多少組み変えました。

それからはその15人を中心に口コミでどんどん生徒が増え、その他の広告宣伝は、1回8000円くらいの行広告を隔月でフリーペーパーに載せるくらいでした。看板なし、自宅・教室で電話を兼用というところからはじめ、生徒数は半年で約60名にふくれ上がりました。特に幼児のクラスは口コミによる紹介が圧倒的に多く、同じ幼稚園のお友達、他の習いごとで一緒になるお友達、公園でよく会うお友達と、徐々に人数が増えていきました。

このくらいの規模になると、収入（＝月謝の合計額）は50万円くらいにのぼったので、光熱費、その他の諸経費、講師への支払を差し引いても、かなりまとまった額が手元に残るようになりました。

やってみてわかった！　集客ノウハウの基本

60名以上もの生徒数であっても、自宅の一室を利用した週3回の開講日という形態のままで十分大丈夫です。

看板なども全くなにもなかった堺の教室は現在、窓に切り文字を貼り、外には小さな看板を出しています。が、今でも「看板を見て」や「広告を見て」という人よりも、圧倒的に紹介入学が多いというのが実情です。つまり大事なことは、最初に入学した数人の生徒をしっかりとケアし続けることなのです。そこから必ず口コミ紹介が発生し、そして紹介の紹介、そのまた紹介というように紹介の輪が広がります。最初の生徒たちは在籍したままなので、必然的に右肩上がり！　というのが「子ども英会話教室」の醍醐味なのです。

生徒を募集するために使うのは「お金」ではなく、「細かいケアとこだわり」です。長年にわたり英会話業界で働く私たちでさえも、子ども英会話教室の成功の鍵は意外とやさしいところにあることに、この堺教室を開校するまで気づかなかったのです。

口コミが口コミを呼ぶ――マンション芋づるリクルート

同世代ネットワークを狙え！

近年はある程度の高層マンションがあちらこちらに建っています。子ども英会話ビジネスの主要顧客となる「幼児を子どもに持つ若年層」の夫婦は、マンションの値段が下がったことも手伝って、マンション生活を好むようです。

当然、私たちの英会話教室にもマンションに住んでいる方々がたくさんおられ、現時点で全体に占める比率は優に50％を超えています。そしてよい意味でも悪い意味でも、マンション住まいの方々は、基本的にまわりの人の影響を受けやすい環境にあるようです。と言うのも、新しいマンションには幼児を持つ若いカップルが自然に居住者として集まってくるので、マンションに隣接している公園で子ども同士の交流から徐々に仲よくなり、子どもについての情報交換が盛んになります。ですから、内容の充実したレッスンを提供して、お母さんの気に入る英会話教室を運営し、１棟のマンションからたった１人でも生徒を獲得すれば、その生徒を通して口コミで紹介が増える可能性があるのです。

ましてや紹介頻度の高いお母さんがそのマンションに住んでいるなら、次項で説明する「80：20の法則」を用いることで、かなりの紹介を見込むことができます。

ですから、一度狙いを定めたマンションへは何度もアプローチをすることをおすすめします。たとえ最初は反応がなくても根気強く続けることが大事です。私たちの教室では、約100家族が入居しているマンションから7人の生徒が通ってくれているケースもあります。

マンション攻略法①——まずはミニコミ誌を活用しよう

では、具体的にどのようなアプローチをしていくべきなのかを説明します。まずやるべきことは、そのマンションが配布区域に入っている無料ミニコミ誌（フリーペーパー）を探して、そのミニコミ誌に行広告を載せることです。これはマンション警備員のチェックにもあいませんので、あなたの英会話教室の存在をマンションの住人に知ってもらうには都合のよい媒体です。

マンション住まいの読者の方はよくご存知だと思いますが、とかく配りやすいためか、マンションへのチラシなどの投函はとんでもない数に上ります。中にはいわゆるピンクチラシも多いので、一般的にチラシは毛嫌いされがちです。ですから自衛策として警備員や管理人の方がポストへのチラシ投函にはいつも目を光らせている状態です。しかし、無料のミニコミ誌はチラシとは違って許可を取っているのか、ほぼ問題なくそのマンション全戸に配布されます。配布地域が広すぎる上に広告費も高い新聞のような媒体よりも地域密着型なのでよほど当てになります。

マンション攻略法②――味方につければ心強い！ 管理人さんにアプローチしよう

そして次にすることが、やはりチラシ配布です。たった今、チラシは毛嫌いされがちだと述べたばかりですが、あなたの英会話教室を知ってもらうための手段として完全に放棄してしまうには惜しい媒体です。むしろ不可欠なほどです。

特にミニコミ誌との併用で相乗効果も見込めますので、ミニコミ誌の配布区域内のマンションには必ずチラシ広告も時間差で撒いてください。

正直に「この近隣の△△で子ども英会話教室をはじめた○○です。たくさんのお子さんに楽しく通ってもらっているので、このマンションにもチラシをポスティングしたいんですが」と言えば、許可してくれる管理人さんも多いようです。

と言うのも、警備員や管理人が最も阻止したいのはいわゆるピンクチラシなので、自分がどこの誰で、なんのためにそのチラシを配布しているのかをしっかりと説明し、子どもの教育のためであることを力説すれば、かなり高い確率でＯＫをもらうことができます。そうなればしめたもので、堂々とポスティングができます。

マンション攻略法③――〝ネガティブシンキング〟は最大の「敵」

ポスティングはある程度の間隔をあけて同じマンションに何度も行なうことがコツです。「何度も入れると嫌がられる」とか「逆に悪い印象を与えるんじゃないか？」と懸念される方も多いようですが、それは全くの杞憂にすぎません。

有名な英会話学校が何度もあなたのマンションにポスティングをしたからといって、「あの英会話学校にはなにがあっても絶対に子どもを通わせないぞ！」という気が起こるでしょうか？ほとんどなにも気に留めていないはずです。

「子どもに英会話をはじめさせよう」といつ誰が思い立つかなんて、全く予測できません。チラシを手にしたときには考えていなくとも、実際に「英会話を習わせよう」と思い立ったときにはチラシもなく連絡先もわからないということがあります。この「必要なときに必要なものが見つからない」という現象は、実生活の中で皆さんも嫌というほど経験済みなのではないでしょうか？　そのような人にチラシを届けるためにも、何度も同じマンションにポスティングをすることが重要なのです。

80：20の法則を応用した口コミ生徒募集

ネットワークを支えるのは一部のお母さん

みなさんは「80：20の法則」という言葉を耳にしたことはありますか？

「80：20の法則」というのは別名「パレートの法則」とも呼ばれるもので、投入・原因・努力のわずかな部分が、産出・結果・報酬の大きな部分をもたらすという法則です。

たとえば、あなたが成し遂げる仕事の80％は、費やした時間の20％から産まれるということです。

例をあげると、ある会社の売上の80％を占めるのは特定の20％の製品であったり、社会全体の犯罪の80％は、犯罪者全体のうち20％の人間が犯したものである、というようなもので、調べてみるとほとんどの統計は、この「80：20の法則」に当てはまるという、おもしろい法則です。

では、この「80：20の法則」を私たちの英会話ビジネスでどのように活かすかということを考えてみましょう。

この法則を私たちの英会話業界、特に口コミという部分にスポットを当てて言い換えると、こうなります。

80%の紹介入学は、全体の20%のお母さんからのものである。

つまりこういうことです。

わかりやすく、100名の紹介入学者がいたとします。そうすると、そのうちの80名は紹介をしてくれたトップ20%の何人かのお母さんたちからの紹介で、その他の20名の紹介入学者は残りの80%のお母さんたちからの紹介ということを意味します。

違う言い方をすると、たとえばAさんが34名、Bさんが21名、Cさんが16名、Dさんが9名を紹介してくれたとすると、このA、B、C、Dさんで合計80名となり、100名の紹介入学者のうち80%を紹介しているということになります。そして、その他多数の人たちで残りの20名を紹介しているということになるのです。

ピンポイントに効率的な営業活動をしよう

つまり「紹介してくれる」という意味で大切なのは、A、B、C、Dというお母さんたちで、その他大勢のお母さんはないに等しいということです。

ということは、全体のお母さんに対して広く浅い口コミ入学促進のアプローチをかけるよりも、紹介頻度でトップ20％のお母さん、この場合であればA、B、C、Dさんたちだけに的を絞ってアプローチするほうが、よほど効率的だということになります。

私たちはこのようなお母さんたちには、より気配りをし、折を見ては喜んでもらえるような気の利いたサプライズプレゼントをするなど、いろいろな方法で私たちなりのお返しをしています。

実際に口コミ入学が増えてくると、「80：20の法則」を肌で感じるようになるでしょう。紹介してくれるお母さんは次から次へと紹介者を連れてきてくれて、そうでないお母さんはほとんど紹介ゼロの状態が続きます。

ですから、紹介してくれるお母さんへの接し方はとても大切なので、いかにすればそのお母さんたちが喜んでくれるかを自分なりに常日頃から考えて行動することが、大きな口コミ促進につながります。

ミニコミ誌の広告とその隠れた裏効果

忘れてはならない〝消費者感覚〟

毎朝配達されるたくさんの新聞の折込みチラシの中には、大手英会話スクールや塾をはじめとした教育関連のものも少なくありません。

ところで皆さんはそれらの折込みチラシすべてに目を通していますか？　素通り状態に近いという方がほとんどなのではないでしょうか？　ましてや、たまたま目に留まった1枚の英会話スクールのチラシを見ただけで「よし、この教室にうちの子どもを通わせよう！」と即決される方はほとんどいないと思います。

以上のことは消費者の立場にいればごく当たり前ですぐにわかることですが、いったん「経営者」の席に腰を下ろしたとたんに昨日までの「消費者感覚」がなくなってしまうことが非常に多く、広告に過大な期待を持ってしまいます。その結果、効率の悪い集客作業をしてしまいがちです。

じつは私たちも難波本校の生徒募集のために、過去に一度だけ折込みチラシを利用したことがありました。が、結果は……。40万円ほどの広告費を使った成果は、たった1人の生徒の入学という無残なものでした。

今ふり返ってみると、1人だけでも入学者があっただけラッキーだったのかもしれないと思えるほど、折込みチラシのレスポンス率は恐ろしく低く、またそれは年々低下しているようです。継続して行なうことが絶対条件である折込みチラシの場合、相当な金額を広告費に割く必要がありますので、ここで提案している方法とはかなり隔たりがあります。

費用対効果が最大の広告の出し方

ところが、96ページでも少し触れましたが、無料でポストに配達される「ミニコミ誌」なら、主婦の方々が目を通す確率が非常に高い上、何万、何十万という大規模な発行部数の割に、小さな行広告ならわずかの費用で済みます。入学者がたった1人しかなかったとしても十分もとが取れる計算です。

「ミニコミ誌」に大きな枠広告やカラー広告などを載せることもできますが、これもやはり継続掲載が必要なので、出費を抑えるためにせめて毎回の行広告と何回かに1回の枠広告というようなバランスを考えてください。

さもないと費用対効果を考えた場合に大きな損失になり、なんのために広告を掲載しているのかわからないことになりかねません。

伝えたいことを一所懸命考え、行広告の中で精いっぱい工夫をして自分の教室の特色やカラーを伝えることができれば、その波動を感じた方から必ず問合わせの電話が入ります。

私たちのような無名の小さな教室は、問合わせいただいたその1人を大事にするところからすべてがはじまるのです。

「広告さえ出せばジャンジャン問合わせが来る！」などという妄想は決して持たないでください。それは何十年も前の話です。1件の問合わせがあれば御の字であり、また十分なのです。

見込み客を取り逃がさずに！

また、この問合わせの電話はあなた、もしくは奥さまの携帯電話に四六時中転送されるようにしておいてください。

たとえあなたが昼食中であろうと、奥さまが子どもを乗せて自転車に乗っているときであろうと、電話を取ると同時に声のトーンを変えて「お電話ありがとうございます。○○英会話教室でございます！」と応対してください。

そのとき、実際に相手の顔が見えなくても笑顔で応答することが非常に重要です。そしてで

■無料で配布されるミニコミ誌
費用対効果を最大限活かすには欠かせない媒体。問合わせにていねいに対応し、見込み客を逃さないようにしよう

きる限り、ていねいかつフレンドリーにお話をして体験レッスンに来てもらうこと、それがこのビジネスのキーとなります。

　私たちの大阪府堺市にある上野芝教室では、ミニコミ誌の広告を通して体験レッスンを予約した方がこちらの電話の応対ぶりを非常に気に入ってくださり、次の日に「親戚と友人の５人で体験レッスンをお願いしていいですか？」と連絡をくれ

たこともありました。このように電話応対一つで入学者数が増えることもあるのです。

abc 1本の電話の後ろに30人のお客がいる

「一人ひとりの人間の後ろには、それぞれ30人以上の人々が控えている」とよく言われるように、広告を見て問合わせいただいた方の背後には、同じような年齢の子どもたちを持つたくさんのお母さん方が「どこかにいい英会話教室はないかしら?」と、ママさんネットワークからの「口コミ情報」を待っているのです。

これも上野芝教室の話ですが、ミニコミ誌を見て来校したお母さんが当教室を大変気に入ってくれた結果、翌日にはお友達を紹介、そしてそのお友達がいつも公園で会うお母さんを紹介してくれました。さらに次の週にはその方と同じマンションのお母さんが体験レッスンに来られて、皆さんめでたく入学! ということもありました。

「広告を出したけど、たった1件の問い合わせしかなかった……」という結果であっても、ほんの数千円の出費でこんなに素晴らしい効果も期待できるのです。

大手英会話スクールとは全く違う土俵で、かつ全く違う切り口で堂々と勝負すれば、なにもむずかしいことはありません!

生徒、お母さんとの徹底したコミュニケーション

在籍生徒と取るべき二つのコミュニケーション

大手英会話スクールはどんどん広告を打ち、どんどん新規の生徒を入れるというのが営業方針なので、子どもたち一人ひとりの様子を観察したり、手間をかけてお母さん方とコミュニケーションを取ることはほとんどないと言っていいでしょう。

前述しましたが、私たちのエネルギーを注ぐ先はあくまでも外（新規生）ではなく中（在籍生）だということを常日頃から頭に置いて日々運営していくことが、私たちのビジネスの成功の秘訣です。

そのために大事なのが「コミュニケーション」です。

小さな子どもたちはほとんどの場合、素直に気持ちを表現してくれますので、こちら側が愛情を持って接すると、驚くほどすぐに心を開いてくれます。この場合の大事なポイントは「褒める」ことと、手を握ったり、ときには抱っこしてあげたりといった「スキンシップ」です。

目配りが広告費を削減する！

小学生は高学年に近づくにつれ、素直に気持ちを表さない子どもや、なにを考えているのかわかりにくい子どもも出てきます。私たちの教室でも、小学校高学年の女の子の中に何人か、講師やスタッフが「苦手」とする子どもたちがいたことがあります。

私は英会話教室を経営しているだけでなく、子どもの教育のプロという立場にもあるので、こういうことはほとんど問題なく解決できるのですが、年齢の若い講師たちは子どもたちの言動をそのまま受け取って気分を害したり、ときには傷ついてしまうこともあったようです。

その場合の対処法は、現場の講師たちの話をしっかりと聞き、講師たちに「接し方」を指導することです。そして実際に私たちがこの子どもたちをうまく扱っていく姿を講師やスタッフに見せることが効果的です。

こちらが愛情を持って接すれば、小さな子どもであろうと大きな子どもであろうと、必ず感じ取ってくれます。そのことを率先垂範することにより、講師やスタッフにも子どもへの対応の仕方を理解してもらわなければなりません。

そうなんです。私たちは、広告費を捻出するための資金繰りにかける労力の代わりに、講師やスタッフをも含めた教室の一人ひとりにしっかりと目を向け、時間と手間をかけることで、堅実な教室運営を実現していくのです。

1人を褒めることが2人を褒めることにつながる

話をコミュニケーションに戻しますが、子どもだけでなく、お母さん方とも綿密なコミュニケーションを図ってください。

と言うのも、小さな子どもの場合、習いごとを続けるか辞めるかはかなりの比重でお母さんにかかっています。このため、まずは子どもだけでなくお母さんのことも褒めることが必要です。

ただし、褒める内容はお母さんの洋服のことなどではなく、あくまでも「私たちはお母さんが忙しい日々の中でこうして宿題を手伝ってあげることがどんなに大変かわかっていますよ」と、感謝の意を示すことがポイントです。

さらに、子どもを褒めるときもお母さんの前で「すごいねェ！」と言うと、それは間接的にお母さんを褒めていることにもなるので効果的です。

私も、子どもの通うピアノ教室の先生に、「よくこの難しい曲を1週間でやってきたね。皆この曲には苦労するのに」と子どもを褒められると、なぜか子どもよりも私のほうがやる気満々になることがしばしばあります。

また、普段から心理学的な分野の本を読んだり講演会に出かけたりと、いろいろと勉強しておき、お母さん方のよきアドバイザーとしての力を発揮してください。お母さま方からの信頼を得ることが、皆さんの教室で子どもたちが学び続けることに直結します。

"全て" 自分でやる必要はない

「うわー、手間がかかるんだあ」と思う方もいるかもしれませんね。でもご心配なく。私は、自分たちの経営する英会話教室2ヶ所と幼児教室、大人英会話学校、スチュワーデス養成スクールすべてに毎回顔を出すことは物理的にできませんが、毎日その日の様子や生徒の細かい様子を、基本的には書面で、そして必要なときには電話で報告を受けています。

気になることがあれば電話をして詳細を確認し、必要だと判断すれば、現場に出て行ったり、お母さんとちょっとしたカウンセリングを行なったりもしています。

まずしなければならないのは、体験レッスンのときに必ずあなたの奥さまかあなた自身が時間をとってお母さん方とお話をすることです。

そしてちょっとした変化に気を配ることで、問題が起きてもそれが大きくなる前にしっかりと対処できる役割をあなたが担うことです。これが退学を防ぎ、ひいては教室の活性化にもつながるのです。

クリスマスパーティーや発表会の行事を上手に利用する

〝親バカ〟もうまく活用できる

この本を書いている私たち自身は4人の小さな子どもを持ち、自分たちの経営する英会話スクールと幼児教室の他に、ピアノ教室やスポーツ教室にも子供たちを通わせている普通の親でもあるので、私たちの教室に来るご両親の気持ちがよくわかります。

そこで一様に言えることとは、程度の差こそあれ、私たちを含め親は皆「親バカ」であるということです。

そこで重要な〝ツール〟となるのが行事です。たとえば「発表会」や「クリスマス会」などの行事で、子どもを楽しませたり、晴れの舞台に立つ機会を与えると、お父さんもお母さんもこぞって自分の子どもばかりに注目します。これは、幼稚園や学校での運動会や学習発表会などを思い出してもらえればよくわかると思います。親はいつでも自分の子どもの活躍を楽しみにするものなのです。

そしてこれこそが教室の活性化に大きく関わってくるのです。

とにかく教室をいつもいきいきとした状態に「活性化」しておくことでエネルギーが生まれ、人が集まってくるようになります。教室を開校する前に、1年間でどんな行事をしていきたいのかを、講師やスタッフと一緒にあらかじめ考えて、休日などもわかる年間スケジュールを作成しておくといいでしょう。

abc 非日常的な晴れの舞台を演出しよう

まず、必ず行なうといいのは「発表会」です。都道府県や市の公共施設であれば、きれいな場所を格安で借りることができます。ただし、こういう場所を借りるのに土曜日や日曜日はかなり競争率が高いので、いつから予約できるのかを調べて、予定した日時を早めに予約してしまうことが大切です。

もし発表会の日までに参加する生徒の数がまだ集まらないようでしたら、教室を少し飾り付け、アレンジして利用しても問題はありませんが、非日常性を演出すると効果的なため、できる限り違う場所で開催することをおすすめします。

とりあえず低くてもいいのでちょっとしたステージがあるところで行なえれば、教室とは違う雰囲気を容易に作り出せます。

それからおじいちゃんやおばあちゃんにも来てもらえるようにすすめておけば、子どもはいつも以上にハッスルし、その場がよりいっそう盛り上がります。

"1人ずつ"で"難易度を高める"理由

発表の内容は、私たちの経験から言うと「一人ひとり別々の出し物があること」、「いつものレッスンより少しむずかしめのもの、またはカッコよくむずかしく聞こえるもの」が好ましいでしょう。

私たちは現在二つの教室を経営していて、これに加えて幼児教室の発表も同時に行なっていますので、どうしてもものすごい数の発表となります。

このため当初は、発表会自体が長時間になると子どもたちがもたないと思い、2人1組での発表にしていました。

すると、何人ものお母さん方から「どうして1人での発表ではないのですか?」との抗議の電話を受けたり、内容がむずかしくてうまくできなかったら嫌な思いをさせるだろう、との配慮からレッスンの中で確実にできているものを選んだところ、「こんな内容では親子ともやる気をなくします」という内容のメールをいただいたり大変な思いをしました。

こういった経験から、あくまでも「一人ひとりが目立つ場」であり、「達成感を感じる場」にしていくことが発表会を成功させるコツだと思います。

教室が軌道に乗り、生徒数が多くなってくれば、2部構成にして年齢別に時間帯を分けることで、時間の問題は解決します。

行事でさらなる活性化

この他、盛り上がる行事は「ハロウィーン」です。この行事は「仮装」なので、講師やスタッフみずからがこの日は仮装をして、生徒にも仮装でレッスンに来てもらうと盛り上がります。

特に小さな子どもはお母さん方が張り切って、女の子なら「シンデレラ」、男の子なら「仮面ライダー」などの衣装を用意したりと、親子それぞれが楽しむことができ、この楽しさが口コミの要因の一つにもなります。

私たちの教室では、12月には「クリスマス会」も行なっていますが、このときはサンタクロースの衣装を着た外国人と私たちがステージで踊りや歌、ゲームをし、英語で子どもたちを楽しませています。

どのイベントも「お友達をつれて来てね」とお話するのですが、特にこのクリスマスの催しは子どもたち全員が楽しめるので、声をかけやすいようです。

このときに忘れてはいけないのが、お友達の名前や住所を書いてもらう受付用紙、または参

■生徒も講師も仮装するハロウィーンパーティー

子どもだけでなく、衣裳を用意するお母さんをも盛り上げることができる

加用紙を用意しておくことです。そしてイベントが終わったら必ず写真とお礼状を送ってください。

これらのイベントによって口コミの生徒が次々に入学するというわけではありませんが、教室の活性化には大きく貢献します。紹介を増やすためのいろいろな仕掛け作りにエネルギーを注ぐよりも、レッスン内容は言うまでもなく、来てもらっている方々を大事にして、楽しんでもらうことのほうが、教室を盛り上げることになり、結果として人が集まってくるのです。

親にとっては資格は魅力！児童英検、英検の効果的利用法

見えないものを見せるには

「英語力がついた」、「英会話ができるようになる」とひとことで言っても、その基準は非常にあいまいです。その「英会話力」という目に見えにくいものが私たちの「商品」なのですが、生徒たちにできる限りリピーターでいてもらうためには、この商品を少しでも目に見えやすいものにしていく工夫が一役買ってくれます。見えやすいものにする工夫というのが「資格」、子供英会話においては「英検」を指します。

英検とひと口に言っても、実際には幼児〜小学校低学年であれば「児童英検」、また小学生低学年でもある程度英語ができる子どもや小学校高学年であれば「英検」となります。

「児童英検」は読み書きのテストではなく、リスニング中心のテストで、コミュニケーション力を見るためのものです。

「英検」はご存知の通り、読んで答えるリーディングのパートと、CDを聴いて答えるリスニ

■英検の合格証明書

英検証 № J5040148

実用英語技能検定

合格証明書

5級

杉本　大河

上記の者は当協会主催　平成１５年度第３回　文部科学省
認定実用英語技能検定において頭書の級に合格したことを
証明します

財団法人日本英語検定協会

検定委員長　和田　稔

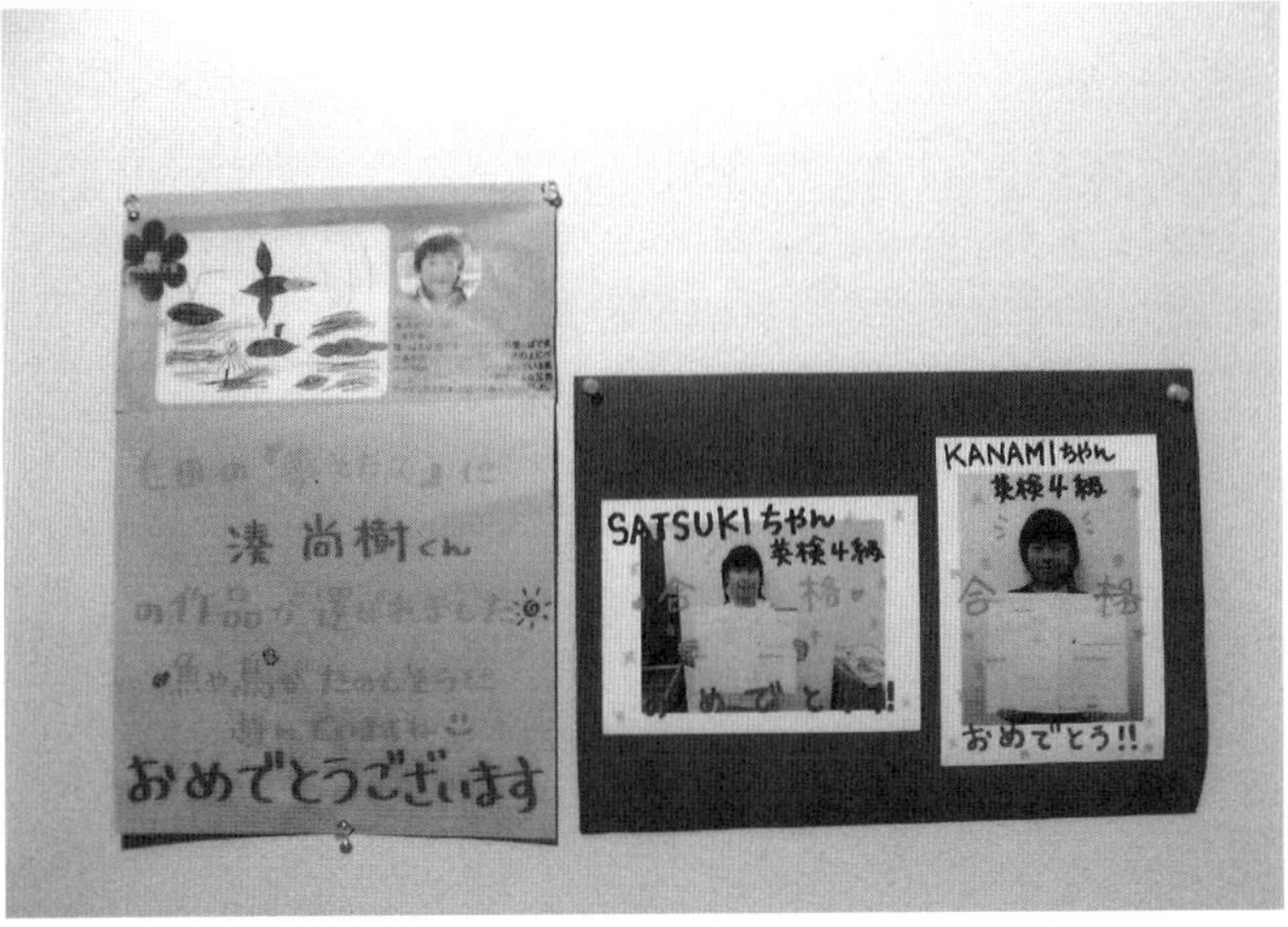

試験への合格は教室の評価を高める

ングのパートで構成されるマークシート方式のテストなので、それをこなせるようになった年齢の子どもが対象となります。

受験の目的を伝えよう

最初は「資格なんて」と言っていたお母さん方も、いったん申し込むとたいていの方はかなり真剣になり、合格すると私たちの教室を評価さえしてくれます。

ここで気をつけたいのは、必ず不合格の子どもも出るので、合否だけにあまりフォーカスしないことです。「受験することによって子どもたちの英語に対するモチベーションが上がるということが目的」であることを、受験前から子どもたちにもお母さん方にも明確に伝えておかないといけません。

ちなみに私たちの教室では小学1年生で英検5級、小学2年生で英検4級に合格している子どもたちが何人かいます。英検5級は文部科学省が定める中学1年生の英語課程修了程度、英検4級で中学2年生修了程度の内容となっていますので、この子どもたちのご両親も、驚きとともに非常に喜んでくれました。そしてそれはもちろん口コミへの大きなきっかけともなりました。受験者が全級合わせて10名以上いればあなたの英会話教室でも準会場として登録ができますので、試験の開催を検討する価値はあるのではないでしょうか？

2004年度　イスク英語学院前期スケジュール

MAY			JUNE			JULY			AUGUST			SEPTEMBER			OCTOBER		
1	土	Spring Break	1	火		1	木		1	日		1	水		1	金	
2	日	Spring Break	2	水		2	金		2	月		2	木		2	土	
3	月	National Holiday	3	木		3	土		3	火	Summer Vacation	3	金		3	日	
4	火	Spring Break	4	金		4	日		4	水		4	土		4	月	母親教室
5	水	National Holiday	5	土	母親教室	5	月	母親教室	5	木		5	日		5	火	
6	木		6	日		6	火		6	金		6	月		6	水	
7	金		7	月		7	水		7	土		7	火		7	木	
8	土		8	火		8	木		8	日		8	水		8	金	
9	日		9	水		9	金		9	月		9	木		9	土	
10	月		10	木		10	土		10	火		10	金		10	日	
11	火		11	金		11	日	英検２次試験	11	水		11	土		11	月	National Holiday
12	水		12	土		12	月		12	木		12	日		12	火	
13	木		13	日	英検１次試験	13	火		13	金		13	月		13	水	
14	金		14	月		14	水		14	土		14	火		14	木	
15	土		15	火		15	木		15	日		15	水		15	金	英語deポップス
16	日		16	水		16	金	英語deポップス	16	月		16	木		16	土	
17	月		17	木		17	土		17	火		17	金		17	日	英検１次試験
18	火		18	金	英語deポップス	18	日		18	水		18	土		18	月	
19	水		19	土		19	月	National Holiday	19	木		19	日		19	火	
20	木		20	日		20	火		20	金		20	月	National Holiday	20	水	
21	金	英語deポップス	21	月		21	水		21	土		21	火	TOEIC/調整日	21	木	
22	土		22	火	マザーグース	22	木		22	日		22	水	TOEIC/調整日	22	金	
23	日		23	水		23	金		23	月		23	木	National Holiday	23	土	
24	月		24	木		24	土		24	火		24	金	TOEIC/調整日	24	日	
25	火	マザーグース	25	金		25	日		25	水		25	土	調整日	25	月	
26	水		26	土		26	月		26	木		26	日		26	火	マザーグース
27	木		27	日		27	火	マザーグース	27	金		27	月		27	水	
28	金		28	月		28	水		28	土		28	火		28	木	Adjustment date
29	土		29	火		29	木		29	日		29	水		29	金	Adjustment date
30	日		30	水		30	金		30	月		30	木		30	土	Adjustment date
31	月					31	土		31	火					31	日	Adjustment date

6章

さあ、
英会話教室をはじめよう

まずは教室の確保──自宅か貸しビルか？

自宅の検証ポイント

英会話教室をはじめる際にまずするべきことは、場所探しです。このビジネスで強調している「ノーリスク」という点からすると、一番のおすすめはやはり「自宅の一部を教室にしてしまう」ことです。具体的に、これから教室を運営していくにあたって、初期投資の一部となる保証金もさることながら、毎月の家賃をできる限り抑えるのが得策です。

ですから、まずは自宅で教室として使える場所がないかどうかを検証してください。「利用可能ないい部屋がある！」と言ってもリビングを通らなければいけない部屋は論外ですし、「子どもが生徒」という観点からすると、できれば2階は避けたいものです。

理由は、階段での事故がありうることと、なかには暴れる子供たちもいるので階下に響くというものです。もちろん、玄関近くに部屋を確保できることがベストであるのは言うまでもありません。

自宅以外の注意点

自宅を教室にできない場合は、ビルの空室を借りるか、時間貸しの教室や集合住宅の集会所などを利用するかという選択になります。

集会室は使用する曜日の使用する時間のみの使用料で済むため、非常に経済的です。しかしその反面、特定の場所を確保できていないという点で、根無し草的な教室にならざるをえません。

私たちが採用している現行の幼児対象のカリキュラムでは、英会話教材の種類が豊富なので、それを参考にしようと思う方は教材を確保する場所が必要となります。このため、できれば最低10坪程度の場所を借りるほうがよいでしょう。

私たちが提案しているこのビジネスには「駅近く」という条件はありませんので、地域によっては格安でよい場所を見つけられるかもしれません。

具体的な保証金と家賃の額はもちろん、賃貸物件の広さと地方や地域によって大きく異なります。たとえば大阪の都心寄りの地域で15坪くらいの広さの場合、保証金は30万円～１００万円くらい、毎月の家賃で10万円～30万円は必要となってきます。しかし、地方へ行けば値段はかなり下がると思いますので、該当する地域の空室状況と家賃などを調べてみてください。

abc トイレが集客を左右する！

また、余談のように思われるかもしれませんが、物件を探す場合に極めて重要なことは、「トイレ」をしっかりチェックすることです。

小さな子どもはとにかくトイレに行く回数が多い上に、うまくトイレを済ませることのできない子どもたちもたくさんいます。和式よりは洋式で、たとえ裸足で入ったとしても問題のない、清潔感のあるトイレがいいでしょう。

今のお母さんたちはお洒落な方が多いので、外観、清潔感といった教室の第一印象は重要視するポイントの一つです。たとえば、いかにも映画に出てくるようなログハウスが外観の英会話教室なら、内容がよくわからない状況であったとしても、あなたも自分のお子さんを通わせたいような気分になってしまいませんか？

ですから、トイレに入ったときの第一印象で「うわっ、汚い！　不潔！」と感じてしまったら、どれだけレッスンの内容が気に入っても入学を決心することができなくなってしまう、と言っても過言ではないのです。

このように、少なくとも悪い印象を与えないトイレにするよう気をつけることはとても重要なことなのです。

■小学3年生Hくんのスケジュール

曜日	月	火	水	木	金	土
下校時間	4:00	4:00	1:00	3:00	4:00	休校
習いごと	4:30 そろばん	4:30 英会話 5:45 公文	2:00 習字 4:00 スイミング 6:00 塾	4:00 そろばん	5:30 塾	10:00 そろばん 1:30 スイミング

教室にするための三つのポイント

さてご自分の中で、自宅からのスタートがいいのか、それとも貸しビルや集会所でスタートするのがいいかをイメージできたでしょうか？　どちらでスタートするにしても、重要不可欠なチェック項目があります。以下に書き記しますので、イメージしている英会話教室がこれらの点をクリアしているかをチェックしてください。

①講師と生徒5人、そして生徒のお母さんの計11人を十分に収容できる
②すぐ近くに車や自転車を停めておけるスペースがある
③自転車で通える圏内に小さな子どもを持つ世帯がたくさんある

最低限この三つをクリアしていれば、あなたの自宅でも十分教室をはじめることができます。

私たちの経験から言うと、まず集めやすいのは未就学（幼稚園児以下）の子どもたちです。なぜなら、今の小学生たちは塾をはじめとして、ピアノやスイミングなど習いごとが多く、1週間のうちなにも習いごとのない日を探すのがむずかしいくらいの児童も少なからずいるため、そもそも新たに習いごとを増

やす余裕がないのです。これに対して、未就学の子どもたちは比較的時間にゆとりがあります。

さらに、幼稚園やそれ以前から自分の英会話教室に通っている生徒たちは、幼稚園卒園後、小学校へ入学してもそのままの流れで英会話を勉強してくれる、いわゆる「継続生」となる可能性が高いため、その点も未就学児の魅力と言えます。

具体的なレッスンを想定した教室選び

そこで、前ページの①に戻りますが、未就学児を一番のターゲットに置いて考えながら、1クラスの最大生徒数を5人とした場合、生徒数＋お母さん＝10人で、それに講師を加えると合計11人が一つの部屋に50分〜60分間いることになります。未就学児を含めての11人ですと、あまり狭い部屋では窮屈になってしまいますので、最低でも8畳くらいの広さの部屋を確保してください。

しかし、利用できるのは6畳の部屋しかないという場合も当然ありうると思いますので、その場合は1クラスあたりの人数を少なくすることで対応してください。

「駅近く」が最優先ではない理由

次に②です。現在、英会話を習っている幼児で一番多いパターンは、お母さんと一緒に車に乗って教室に来るというもので、その次に、お母さんの自転車の後ろに乗って来るというパターンが続きます。ですから、大都市の駅前に英会話教室を構えるというケースでない限り、「電車に乗って親子でやって来る」という事態はほとんど考えられません。

この通学形態から考えて、立地に関する優先順位は「駅近く」というよりも「車が停められるか」、そして「自転車を置く場所を確保できるか」という条件のほうが高くなります。「駐車場のあることが優先順位の1位」と言っても、なにも「パーキングにするくらい広い自分の土地を持っていること」や「生徒のために月極の駐車場を何台分か確保すること」が必要条件ではないので、誤解しないようにしてください。ここ数年で「20分100円」などの10分、20分刻みで駐車料金が課金されるパーキングも普及してきましたので、自宅近くにこのようなパーキングが設置されている方は利用する手もあります。

子どもの成長を考えよう

③に関しては前述の「お母さんの自転車の後ろに乗って来る」ということにも関連しますが、それよりも未就学児が小学生になったときのことを念頭においています。幼稚園まではお母さんが一緒に教室まで来られますが、小学生になると生徒が1人で自転車で来ることが増えます。その場合は当然、ご両親が心配にならないくらいの距離に教室があることが必須条件です。

講師の見つけ方

レッスンとコミュニケーションを両立させよう

英会話教室の「目玉商品」とも言える「講師」は、あなたやあなたの奥さまが英会話に堪能であれば、最初は経費を抑えるためにも、またしっかりとした基盤を作るためにも、あなたか奥さまが担当するとよいでしょう。

私たちの場合、子どもたちがまだ小さかったことと、本校での仕事もあることから、郊外の堺市で教室をオープンしたときは、外国人の講師を雇いました。

あなた、もしくは奥さまが講師をする場合は、レッスンとレッスンの間の時間を少し余裕を持って取っておくとよいでしょう。

と言うのも、小さな英会話教室が口コミで大きくなる際には「コミュニケーション」と「信用」が不可欠ですので、レッスンに追われ、お母さま方と会話をする時間がないという状況にならないよう、レッスン前後の時間が必要なのです。

外国人講師のメリット	日本人講師のデメリット
●「英会話＝外国人」と思っている人が多いので、第一印象がよい ●講師の「英会話力」の心配がいらない	●日本人から英会話を習いたくないと言う人が多い ●講師の「英会話力」はその人によってさまざまである

日本人講師のメリット	外国人講師のデメリット
●お母さま方とのコミュニケーションも日本語できっちりできる ●外国人に比べて安易に辞める人が少ない	●お母さま方とのコミュニケーションを図りにくい ●安易に辞めて国に帰ったり、より待遇のよいところへ転職する人が多い

講師の役割は英語の教育だけではない

一方、講師を雇う場合には、まずは日本人か、外国人かを決めます。参考までに、両方のメリット・デメリットをリストアップします。

あなたや奥さまが英語でのコミュニケーションに不安を感じるなら、1人目の講師は日本人にしたほうがよいでしょう。

その際には、その人の経歴を見た上で、英語のできる人にお願いして英語力のチェックをするといいでしょう。できる限り、子どもに英語を教えた経験の豊富な人を選ぶと安心です。

外国人講師のみが持つ利点

あなたや奥さまが英語のコミュニケーションに自信がある場合は、外国人講師を雇うことも可能です。

表に記したように、まだまだ日本人は「外国人から英語を習いたい」と思っています。

日本人講師の中には外国人よりははるかに素晴らしいテクニックを持つ質の高い講師がいますが、「外国人神話」を信じきっているお母さまも少なくありません。そんなお母さまへは「講師は外国人です」と言うだけで済むので、体験レッスンの際「手間が省ける」といったメリットが外国人講師にはあります。

ツテがないから外国人講師を雇用するのはむずかしいと思うかもしれませんが、リクルートする手段はいろいろとあります。

関西では〝関西フリーマーケット〟という書店などで無料で配られる英語の情報誌や、〝関西time out〟という有料の英語雑誌があり、そこに「講師募集」の記事を乗せておくと電話がかかってきます。日本人講師の場合も、同様の雑誌で募集することができます。

■外国人講師の募集に最適な英語の情報誌

講師管理の仕方

レッスン時のチェックポイント7点

外国人講師であれ、日本語講師であれ、あなたのビジネスの「主要商品」である講師は、しっかりと管理する必要があります。

定期的にレッスンを見学することでその講師の行なうレッスンの質を保つようにすることは、最低限すべきことの一つです。

では、どういう点をチェックしなければいけないのか？　自分に十分な英会話力とレッスンに関する知識がなければ心配になるかもしれませんが、大丈夫です。あなたが英会話に関してアマチュアであっても、講師およびレッスンの質を見極めるポイントさえ理解すれば、見極めは十分に可能です。それらのポイントはなにかと言うと、

①声が大きく、話すスピード、テンポ、リズムがよく、間延びしていない

②取り組みと取り組みの間に不適切な間が感じられず、タイミングよく次々といろんなことを

こなす
③机上での取り組みや身体を動かす取り組み、歌などがうまく順序づけられていてメリハリがある
④取り組みのポイントを抑えていて、サッと流すところとしっかりとリピートさせる箇所の違いが明確
⑤母子同室の場合、お母さんたちをも上手に巻き込むことができている
⑥各々の子どもの性格や能力をしっかり把握し、英語にまだ不慣れな子どもや恥ずかしがり屋の子どもには簡単な質問をしたりと、バランスをうまく取り、それぞれの生徒を褒める場を何度も設けている
⑦見学の際、あなた自身が本心から「楽しむ」ことができ、また「引き込まれる」感覚があり、1時間があっと言う間に過ぎる

といったものになります。これらの「よい講師／レッスン」のポイントを基準として、講師の質をしっかりと保つようにしてください。

講師の突然退職を防ぐには

西洋人によくありがちなことですが、1年間の雇用契約を結んでいても、ほんのちょっとし

た理由ですぐに辞めてしまったり、突然国に帰ってしまう講師が少なくありません。

「レッスンを受け持つ」ということは「スーパーでレジ担当者が突然辞めたから、今日からはあなたが代わりにがんばってね」という類のものではありません。

誰にでもできる、あるいは代わりはいくらでもいる、というものではない、ある意味、特殊な職種なのです。

それだけに、突然辞められてしまうと、困ってしまうのは私たちです。ですからそのようなまさかのときの対策もなにか考えておかなければなりません。

たとえば

時間給を少し低めに設定する代わりに半年後にボーナスを支給する契約にする
1年間以上勤務すれば帰路の航空券をボーナスとしてつける

といったことを実施している企業も実際にあります。とは言っても結局は人と人のつながりなので、日頃からコミュニケーションを取り、よい人間関係を築いておくことが最も重要なことでしょう。

必要度別揃えたいもののリスト

安全性も考慮した備品選び

場所と講師が決まったら次は備品の確保です。必要度の高いものからランク別に分類した備品リストを作りましたので、まずこのリストを参考にしながら揃えるものを決めてください。

◆必要度5

ホワイトボードは少し割高になりますが、壁掛け式ではなく、脚のあるキャスターつきのものを購入するようにしてください。そのほうが移動のときに容易なのでなにかと便利です。

壁掛け式のものは皆さんが思っているよりも案外と重量があり、既存の壁に取り付ける場合はその壁の強度によっては壁の補強が必要な場合もでてきます。さもないと壁がホワイトボードの重量に耐え切れなくなり、レッスン中にホワイトボードが落ちてきたということにもなりかねません。

必要度5	ホワイトボード　テープレコーダー　机　イス　事務用品　電話　ファックス
必要度4	コピー機　裁断機　ラミネート機　パソコン　プリンター
必要度3	ソファ　デコレーション
必要度2	看板　テレビ　ビデオデッキ
必要度1	その他、あれば役に立つもの

アナログタイプが大活躍

テープレコーダーは、ＣＤデッキの内蔵されているいわゆるＣＤラジカセではなく、レッスン専用のカセットテープレコーダーが1台必要です。再生をかけながら、早送りや巻戻しのできるタイプを必ず使用してください。これは、生徒に同じ英語のセンテンスを何度もリピートさせるとき、再生しながら巻戻しボタンを一瞬押すだけでそのセンテンスの頭出しができるのでとても便利です。多少のコツは必要ですが、それはあくまで慣れの部分なので、技術と呼ぶほどのことではないと思います。

もしこの機能のついていないテープレコーダーを使用するとなると、同じセンテンスを一度リピートさせるのに、再生↓停止↓巻戻し↓停止↓再生という操作が必要となるので、細かいリピートを繰り返すことなんて全くできなくなってしまいます。今ではこのタイプのものはあまり販売されていないようですが、私たちはソニーのＣＦＸ―Ｅ16を使用しています。

次に机とイスですが、ここで述べているのは教室で使用するためのものであり、オフィスで事務を行なうためのものではありません。理想的なのは、講師を中心に半円形になっている子ども用の背の低い机ですが、これは値段もかなりはるので、初期投資としてまかなえれば購入してください。当初の購入は控えたいということなら、後述する自分で作る方法を参考にしてみてください。

機材によっては教室の信頼を落とす

事務用品で特筆すべきものはありませんが、ポスカに代表される、色の種類が豊富に揃ったペン類は教材やポスター作りに欠かせないものなので、最初に購入しておくと役立ちます。

電話／ファックスは最初のうちは「おたっくす」のような家庭用の電話兼ファックスでかまいません。これなら1台で電話もファックスも併用できます。

できれば、ＮＴＴのアナログ回線（従来の電話線）ではなく、デジタルのＩＳＤＮ回線を引くと、同じ回線で二つの異なった電話番号を取得することが可能ですので、電話とファックスに別々の番号を割り振ることができます。電話とファックスの番号が違うほうが、一般的にはなぜか「しっかりとした会社」あるいは「しっかりした学校」とみなされます。

皆さんも自分がどこかの会社に連絡を入れる時にTEL・FAX○○―○○○○となっている

と「小さいところなんだなぁ」＝「信用できるのかなぁ」という気持ちが無意識に働いた経験はありませんか？　「自分はいろんな準備で出かけていることが多いから」という理由で、連絡先に固定電話やファックス番号を入れずに携帯電話の番号のみを書いている方もときにいますが、このような根拠に基づいて考えると、やはり「携帯番号のみ」というのは愚の骨頂で、「どこか怪しげな英会話学校」と見なされかねません。

電話回線については、現在普及しつつあるIP電話を導入すれば、固定電話番号、ファックス番号、そしてインターネットをも同時に高速で繋ぐことができます。最初に多少のコストはかかりますが、長く見れば最終的にはお得なので、一考に値します。

裁断機がローコスト経営に貢献

◆必要度4

コピー機を必要度5にランクづけたい人もいるでしょうが、急にその場でコピーするようなことは最初の頃はあまり考えられませんので、近くのコンビニで十分対応できます。

パソコンを教室に設置できる方なら、パソコンのプリンターを複合型のものにするとコピーもできますので、コピー機の購入はそんなに急ぐ必要はありません。カラーコピーも教材作りには欠かせませんが、コンビニで1枚50円でできるものが、カラーコピー機を購入しても同じ

■イスク英語学院の教室レイアウト

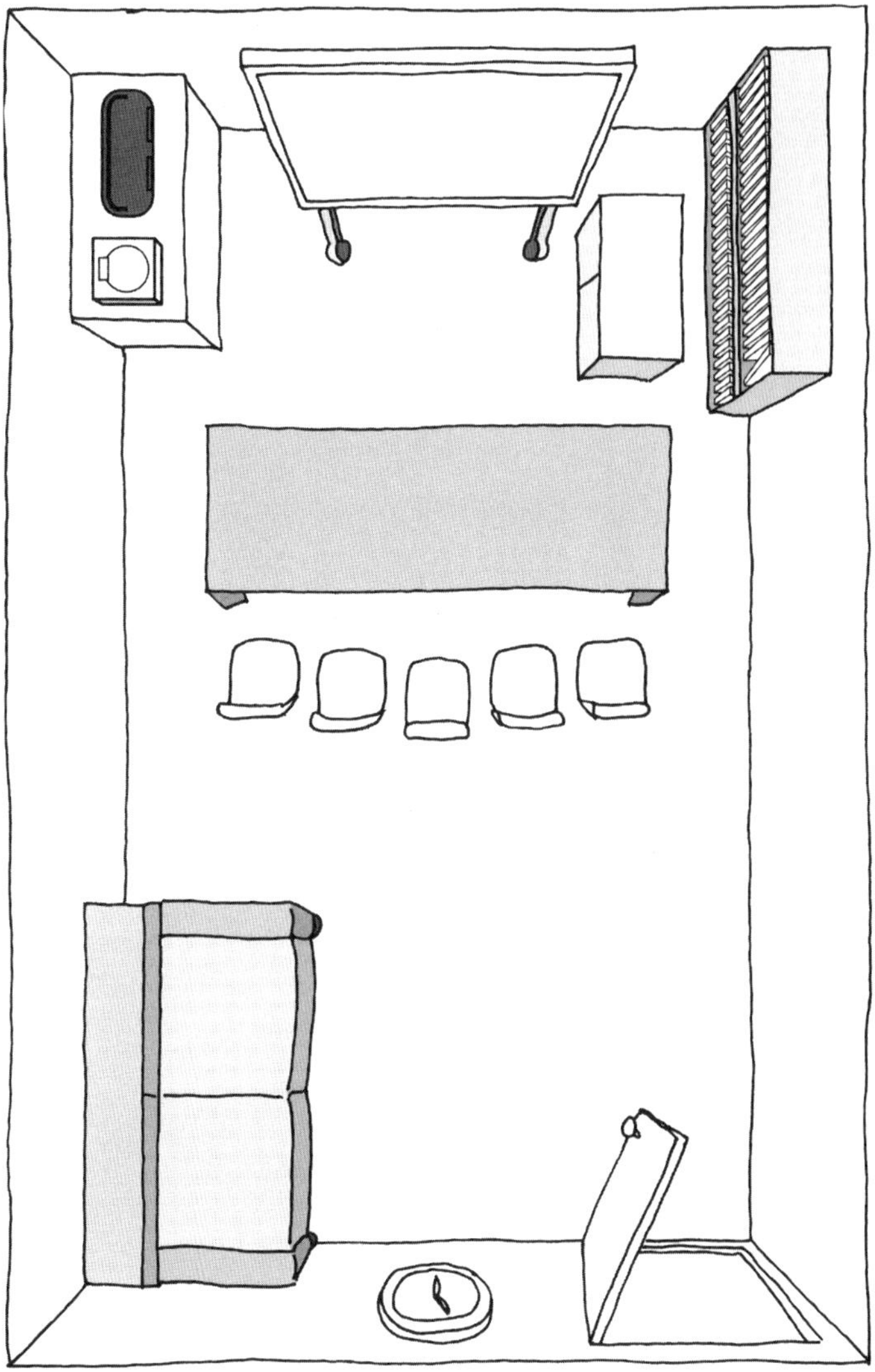

品質のものはこれ以上かかってしまいます。

なお、コンビニでカラーコピーをする場合には必ず、B5サイズなら2枚を合わせてB4サイズで、A4サイズならこれも2枚合わせてA3サイズでコピーをして、持ち帰ります。そしてここで登場するのが裁断機です。B4サイズのものはB5サイズに、そしてA3サイズのものはA4サイズに裁断しましょう。これで1枚1枚コピーをする場合に比べると半額の料金でまかなうことができます。

コピーも何枚も取ると料金がばかになりません。特にカラーコピーは非常に高くついてしまうので、裁断機を使ってコピー料金を半減させることは節約の知恵としてぜひ実施してください。

以上のように、裁断機はコスト削減にとても大きな役割を果たしますから、購入する際は切れのよいもので、必ずA3サイズ対応のものを選んでください。ここで費用をケチって価格の低いものを購入すると、裁断面が波打つこともあり、その用紙を渡した相手に悪い印象を与えかねません。

それからコンビニでのコピー終了後はレジで頼めば領収書を発行してくれるので、これも税務処理のために必ずもらっておいてください。また、さほど高い品質を求める必要のないカラーコピーの場合は、前述の複合型のパソコンにつなぐプリンターでのコピーも可能です。パソコンと前述の複合型プリンターはいろんな意味で重宝します。

リースコピーで業者と駆け引きすべき点

最初からコピー機を導入したいと思われる場合は、ＯＡ機器の業者から必ず何件かの合い見積もりを取ってください。コピー機は「購入するもの」と思われがちですが、じつは「リースするもの」なのです。その際に注意をすべきことは

①月々のリース料金はいくらで、何ヶ月リースなのか？

②カウンター料金（コピー用紙の大きさに関わらず１回コピーをするのに掛かる料金）はいくらなのか？

③トナー交換や故障を含むメンテナンスはリース料金に含まれているのか？

の３点です。いずれも重要ですが、②のカウンター料金が１枚２・８円なのか４・２円なのかによっては、コピー枚数が増えるにつれて大きな差が出てきますので、業者との間で最も駆け引きをすべきところになります。

「コピー用紙代が高いのでは？」という意見をよく聞きますが、これはよくある誤解で、コピー用紙１枚あたりの単価は知れています。それよりもカウンター料金のほうがはるかに値段の高いものなので、前述のように「Ｂ５サイズなら２枚を合わせてＢ４サイズで」というように、

コピー枚数を減らすように心がけてください。

機材選びの極意——大は小を兼ねる

ラミネート機は安価なものも出回っていますので、最初はそれで十分です。購入時に注意をして欲しい点は

①A3サイズまで対応できるもの
②あまりに安価すぎるものには注意する

という2点です。「大は小を兼ねる」ので、A3サイズまでのラミネート機であれば大きいものから小さいものまでラミネート化が可能です。あまりに安価なものだと、たびたび目詰まりをしてまって、うまくラミネートができずによく失敗してしまうということを聞きますので、購入時によく検討してください。

どのような教材をレッスンで使うのかによって不要な場合もありますが、後の項で説明する私たちのようなレッスンカリキュラムを目指す方には必須の機器となります。

パソコンはあらかじめハイスペックなものを選ぶ

パソコンはある程度高価なものになりますので、一括での支払を避けたい場合はクレジット

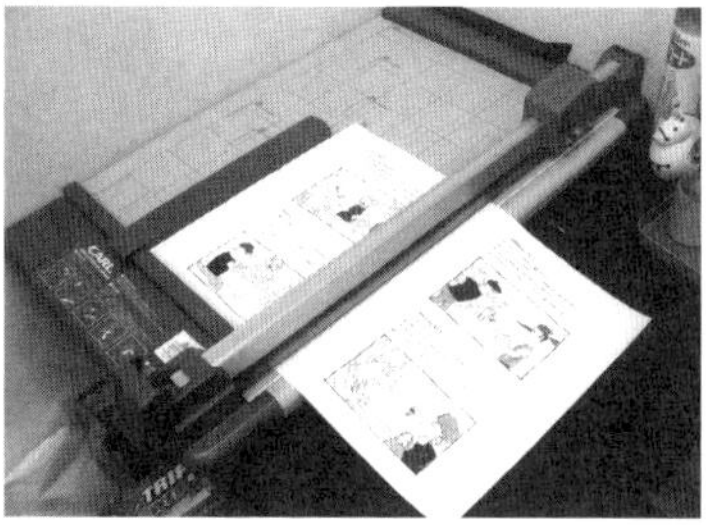

裁断機

キャスターつきホワイトボード

カラープリンター

ラミネート機

を組むことが一般的です。ただ、私たちが使っているのはデルコンピュータのリースです。パソコン1台のことなので、クレジットで購入するのもリースをするのもあまり大差はないと思われますので、そのような選択肢もあるというように考えておいてください。

パソコンを選ぶときに大切なことは、多少値段が高くなってもＣＰＵやメモリが十分なもの、ハードディスクの容量が大きいもの、ＤＶＤの編集までできるものを選ぶことです。

これらの機能は必要になったときに後づけもできますが、そうすると部品代に加えて出張費や技術料がそのたびに加算されるので、最終的には高くつくことがあります。「やっぱり最初からもう少しいいものを選んでおけばよかった」とならないためにも、最初の選択をしっかりとしておいてください。

abc 視覚、嗅覚にアピールするラクラク教室作り

◆必要度3

もし待合室などがあるのなら、ソファも必要です。教室はもちろんですが、待合室もいかにも「カワイイ!」という感じのデコレーションにするとよいでしょう。

ここで簡単なデコレーションのコツをお教えしましょう。まず、間接照明を上手に使う工夫をしてください。昼であってもテーブルランプやスタンドランプはよいアクセントになります。

■観葉植物や、きれいなソファやカーテンで部屋を演出

また観葉植物をあちらこちらに置くと、自然と清々しい雰囲気をかもしだすことができます。できれば大きな観葉植物が一つくらいは欲しいものです。

それからホームセンターへ行くと、裏面に糊付きの〝ボーダー〟というものが売られています。部屋が白い壁紙ならそのボーダーを腰の位置くらいの高さに張ると見違えるようにかわいらしい部屋になります。

これらを試してもらうだけでも、マジックのように部屋の印象が変わるのに驚かれると思います。

また嗅覚も大きな役目を果たすので、外国製のポプリと専用オイルやインセンスを効果的に用いると、体験レッスンなどで一歩足を踏み入れたときの印象が全く違うものになることをお約束します。

第一印象というのはどんなことでも非常に大切なので、教室に入ったとたんに「通ってみたい！」と思わせるデコレーションにするよう、細心の注意を払ってください。実際に私たちの知っている英会話学校では、この内装を徹底的にアメリカ風にすることで、生徒の入学率を大きく上げています。

黒板＋マーカーで看板を作ろう

◆必要度2

看板は絶対に必要ですが、この場合は大きな看板を指しているので必要度が低いと思ってください。よほどわかりやすい場所で目立つ建物でもない限り、なんらかの看板は必要です。しかし、ビルの袖看板や大掛かりな立て看板は様子を見ながら導入するほうがよいということです。

小さな看板でおすすめなのは黒板です。黒板にも今ではいろんなタイプのものがありますが、「A型」という形のものが、使いやすさや効率の面で適切です。黒板に字やイラストを描く場合はチョークを用いずに、専用のマーカーを使ってください。そのマーカーで描くと、少々の雨では描いたものが剝がれて消えることがない上に、書き換えたい場合は濡れ雑巾で拭いて消す

■黒板で作った〝お手製看板〟

専用マーカーで文面を容易に書き換えられる

ことができるので、非常に便利です。

それからテレビとビデオデッキはセットで揃え、子ども用の英語のビデオなどを待合室でかけておくと、待っている子どもたちがうるさくしないので便利です。発表会やイベントには必ずビデオカメラで録画をして、それをレッスン前後にかけておくと、生徒は言うにおよばずお母さんたちも食い入るように見ているので、喜ばれる機材であることは間違いないでしょう。

収入が安定してからでも購入すると重宝します。

どこで？　いくらで？　どんなふうに？
その他の備品の揃え方

どれだけの備品を揃えるかを書き出すとキリがないので、前項のものに留めておきます。実際にどこで買えばよいのか？　という問題ですが、ほとんどのものはホームセンターおよび大型家電店で揃います。

活用できる！　ホームセンターにオークション

今では、ホームセンターも大型家電店も「ディスカウントストア」と言っても問題ないくらい、いろんなものが安価で手に入るので、私たちもよく利用しています。また、今流行りのリサイクルショップを利用するのも一つの手かもしれません。

机などの備品は子ども専用のものをカタログ販売で購入することもできますが、かなり割高なものが多いので、収支が安定して資金に余裕ができるまではあまりおすすめしません。

私たちはツーバイフォーの木材を使って子ども用の机を作りましたが、２０００円くらいでできました。それに〝トイザらス〟で買ってきたキュートな子ども用のイスを組み合わせてカントリー調にしています。

また、別の部屋では通常の会議用の折りたたみ机の脚を、ホームセンターで子ども用の高さに切断して使っています。切断費は、そのホームセンターで机を購入すれば無料か、有料でも60円から300円くらいです。

この会議机を使用する場合は角が尖っていて危ないので、少なくとも生徒側の二つの角には専用のクッションを安全のために必ず取りつけてください。これもホームセンターでかわいらしいものが売られています。

ホワイトボードやラミネート機などは、ネットオークションで安いものが見つかる可能性が高いです。

私たちは中古のホワイトボードをオークションで落札して現在でも使用していますし、ラミネートフィルムはオークションで知り合った業者さんから今でも購入しています。

卸売り店はアイデア満載のデパート

東京や大阪といった大都市にお住まいの場合は「シモジマ」に代表される文房具の卸売り店でいろんなものを格安価格で手に入れることができますので、ぜひ利用してみてください。

私たちは黒板を利用して教室の看板を作成しましたが、黒板専門卸売り店よりも文房具卸売り店で買うほうがより安かったことに驚いたほどです。

とにかく自分たちの思いつかないデコレーション関係のものまで、ありとあらゆるものがたくさん詰まったデパートのような場所ですので、一度足を運ぶことをおすすめします。

自宅にいながら調達できる

地方にお住まいの方でも、現在では文房具の通信販売が全盛ですので、これらを利用されるとよいでしょう。コクヨのカウネットをはじめとして、アスクル、オフィスデポ、フォレストなどの文房具通販会社があります。

インターネットでこれらの会社を検索し、直接カタログの送付を希望すると、どの会社も無料で送付してくれます。あとはそのカタログを見て電話またはファックスで注文すれば、文房具はもとより、蛍光灯やパソコンの備品、さらにインスタントコーヒーやトイレットペーパーまで揃ってしまいます。

会社によって多少の違いはありますが、1回あたりの注文料金が合計2000円から2500円くらいで、日本全国送料無料で翌日には教室に配達されるので、スピーディーで非常に便利です。

身近で揃う本場の家具

関東や関西のような外国人の多い地域に限られてしまうかもしれませんが、ソファやスタンドライトなどの家具やデコレーションは、日本在住で、もうすぐ日本を離れる外国人がよく行なう〝SAYONARAセール〟と呼ばれるもので購入することをおすすめします。

このセールは、今までの生活で使っていて、自分の国に持って帰ることができないものを格安で売りさばくものです。

今は粗大ゴミを捨てるにもお金がかかる時代になってきたので、お互いにメリットのあるリサイクル方法だと思います。

私たちはソファ、ビデオデッキ、テーブル、ライト、棚、インテリア雑貨などいろんなものを購入してきました。外国風のものが交渉次第でかなり安価になりますので、行きたい方は情報誌をよくチェックしてください。

月謝の設定の仕方

安いほどいいと思いますか？

　皆さんの教室の収入源の90％以上は、毎月いただく月謝です。この月謝という収入源から家賃、人件費、広告費、教材費、光熱費を含むすべての経費をまかなわないといけないので、月謝をどのくらいの額に設定するか、そして設定した金額の月謝をいかに毎月確実に徴収していくかということは皆さんの教室運営を健全なものにしていく上で大変重要な要素になります。

　テレビＣＭなどによく出てくる大手英会話スクールでは、受講コースにもよりますが、大体、入学金が２万〜３万円くらい、そして月謝が１万〜２万５０００円くらいのところがほとんどです。

　しかし最近では、都心に学校を構えて、講師も外国人であるにもかかわらず、月謝５０００円くらいのスクールや、自宅に講師を派遣して１レッスン２０００円程度という安価なスクールもたくさんできています。

もしタウン誌などに「入会金0円、月謝3000円」といった広告を打てば、間違いなくあなたの学校の電話は問合わせで鳴りっぱなしになるでしょう。ただし、そのような安易な月謝設定をしてしまうと、次のようなトラブルも予想されます。

低価格が引き起こす弊害とは?

①英会話を子どもにはじめさせる動機がただ単に「安いから」という理由になりがち。その人たちは「簡単にはじめられる」=「簡単に辞めることができる」という考えを無意識に持っているため、あまり長続きすることがなく、短期間ですぐに辞めてしまう

②1人あたりの単価が非常に低いため、1クラスあたりの定員をかなり多くする必要がある。その結果、一人ひとりの生徒に目を行き届かせることがむずかしくなり、レッスンの質が大幅に下がってしまう

③②の理由と同じで、1人あたりの単価が低いために講師の時間給も低く設定する必要が出てくる。そうなると講師は安い時給で多数の生徒の面倒を見るより、少しでも条件のよい職場を常に探し求めるので、講師の入れ替わりが頻繁に起こり、そのたびに新たな人材を募集しなければならない

問合わせの電話を受け、モデルレッスンへ勧誘し、モデルレッスン受講後に学校説明をして

入会の手続きに進むという作業を完了するまでには、実際にかなりのエネルギーを必要とします。

しかし前述のように、動機があいまいなまま英会話教室に通いはじめた人は容易に退会しやすいので、その人たちになんとか退会を思いとどまってもらうようにあれやこれやと思案をしたり、新規生徒を呼び込むために動き回ったりと、労力を費やし続けなければなりません。

英会話教室でも〝安かろう悪かろう〟が当てはまる

月謝の額と講師の質の関係を考えると、低価格の月謝で運営している英会話スクールはときに、講師にファーストフード店のアルバイトなみの時間給しか支払っていないので、どうしても担当講師は「英語があまりできない日本人」あるいは「時間給のよい他のスクールではなんらかの理由で雇ってもらえなかった外国人」ということになってしまうようです。

何年か前の話になりますが、私たちの教室で初心者対象クラスに在籍していたＴＯＥＩＣ３００点台のある生徒が、大手スクールの子ども英会話クラスの講師として採用されたことがありました。

彼女が担当したはじめてのレッスンで、ある小学校低学年の生徒が講師である彼女に〝Do you like octopuses ?〟（あなたはタコが好きですか？）とたずねたそうです。〝octopus〟の意味がわからなかった彼女は冷や汗をかきながら何とかその場をごまかして、ことなきを得たということです。

しかしそんなことを経験した彼女でも、その大手スクールの子ども英会話講師陣の中では特に目立ってレベルが低いわけではなかったということが、このスクールの講師の質を物語っています。

講師、生徒の質の低下が教室を潰す

皆さんに運営していただきたいのは「こだわり」をモットーにした英会話教室ですので、「お母さんの目から見ても講師の質が明らかに低い」となると、教室運営上、命取りになりかねません。生徒も講師もともによい人材を確保するためにも、月謝をあまり低く設定することはおすすめできません。

他のビジネスにも当てはまることですが、特に英会話教室は商品が目に見えるものではなく、「英会話レッスンの提供」という「コンテンツビジネス」であるということを考えると、「安かろう悪かろう」的なものしか提供できないのでは、成功するのは困難でしょう。最初はなんとかかたちになったとしても、長い目で見ると、過当競争の中でビジネスの衰退を避けることはむずかしいと思われます。

収支を試算し設定しよう

では、実際の具体的な月謝の額はどのように設定するのがいいのでしょう？　どうしても大都市と呼ばれる場所とそうでない地方ではいろいろな意味で地域格差があるので、断定はできませんが、だいたい８０００〜１万２０００円の間が「少人数の生徒で、かつ、ある程度のレッスンの質も確保できる」ちょうどよい折り合いの額の目安でしょう。

８０００円未満にしてしまうと、収入的に厳しくなってしまうので、前述の悪循環のパターンに陥りやすくなります。

具体的に考えると、８０００円の月謝で10人の生徒がいる場合、講師人件費やその他の諸経費を除くと２万〜３万円があなたの収入として残ることになります。同様に20人の生徒がいる場合だと、８万〜10万円になりますが、地代家賃を払わなければならない状況だとこれでも厳しいくらいです。

左ページの３ヶ月収入シミュレーションの表では、月謝を８５００円として計算しています。この場合、生徒が５人で１万７７００円の利益、生徒が13人で７万５７００円の利益、そして生徒21人だと12万３７００円の利益となります。

■3ヶ月収入シミュレーション

★月謝 8,500円、 講師時給 2,500円、 交通費 1,200円に設定の場合。

1ヶ月目―生徒5人で週1回での開講の場合

クラス	開始時間	生徒数	月謝	講師人件費	交通費	差引合計
クラス1	3:30	2	8500×2人＝1万7,000円	2500×4週間＝1万円	1200×4週間＝4,800円	
クラス2	4:30	3	8500×3人＝2万5,500円	2500×4週間＝1万円		
合計		5	4万2,500円	2万円	4,800円	1万7,700円

2ヶ月目―生徒13人で週1回での開講の場合

クラス	開始時間	生徒数	月謝	講師人件費	交通費	差引合計
クラス1	10:00	4	8500×4人＝3万4,000円	2500×4週間＝1万円	1200×4週間＝4,800円	
クラス2	3:30	4	8500×4人＝3万4,000円	2500×4週間＝1万円		
クラス3	4:30	5	8500×5人＝4万2,500円	2500×4週間＝1万円		
合計		13	11万500円	3万円	4,800円	7万5,700円

3ヶ月目―生徒21人で週1回での開講の場合

クラス	開始時間	生徒数	月謝	講師人件費	交通費	差引合計
クラス1	10:00	5	8500×5人＝4万2,500円	2500×4週間＝1万円	1200×4週間＝4,800円	
クラス2	11:30	3	8500×3人＝2万5,500円	2500×4週間＝1万円		
クラス3	3:30	4	8500×4人＝3万4,000円	2500×4週間＝1万円		
クラス4	4:30	5	8500×5人＝4万2,500円	2500×4週間＝1万円		
クラス5	5:30	4	8500×4人＝3万4,000円	2500×4週間＝1万円		
合計		21	17万8,500円	5万円	4,800円	12万3,700円

★週1回、5時間のみのクラス開講で諸経費を差引いても3ヶ月目には10万円くらいの収入は確保が可能。
★実際にはこの収入に入学金5000円ならば合計10万5000円、1万円ならば21万円が合計にプラスとなります。

■年間収入シミュレーション

	4月	5月	6月	7月	8月	9月	10月	11月	12月	1月	2月	3月	合計
入学者	6	3	3	3	3	3	3	3	3	3	3	3	39
退学者				1			1					1	3
生徒数	6	9	12	14	17	20	22	25	28	31	34	36	36
入学金	6万円	3万円	3万円	3万円	3万円	3万円	3万円	3万円	3万円	3万円	3万円	3万円	39万円
月謝	6万円	9万円	12万円	14万円	17万円	20万円	22万円	25万円	28万円	31万円	34万円	36万円	254万円
あなたの収入	12万円	12万円	15万円	17万円	20万円	23万円	25万円	28万円	31万円	34万円	37万円	39万円	293万円

★入学金 1万円、月謝1万円の設定の場合。
★このシミュレーション通りだと年商は約300万円ということになる。

高級路線の合否の分岐点は?

どうしても月謝は安い方向で考えてしまいがちですが、逆の発想もあります。1クラスあたりの定員を3人までと、他の英会話教室に比べてかなり抑え、その分、教室の内装や教材に手間とお金をかけ、高級感を前面に打ち出した教室にすることです。月謝をもっと高く、具体的には2万円近くに設定することです。

この月謝で計算してみると、生徒数10人で収入は12万〜13万円、20人だと30万円近くになります。

超高層マンションや高級住宅地が日本の都市部を中心に日本全国に広がっていることを考えると、自分たちの生活スタイルに合った英会話教室に子どもを通わせる発想の親も多いでしょうから、一概に「対象になる子どもが少なすぎる」と断言することはできません。ですから、このアイデアを突飛だと言い切ることも決してできません。

実際にこれで英会話教室がうまく回れば、サンプル収入例のように「生徒の数は他の英会話教室と比べると少ないが、月謝収入は多い」ということになり、その分生徒のケアや管理が非常に容易になるため、理想的な教

■高額月謝を採用した場合の収入シミュレーション

★生徒数10人（4クラス）
★月謝2万円　講師時給2500円　交通費1500円に設定の場合

月謝(収入)	給料＋交通費(支出)
2万×10=20万円	2500×4クラス×4週間=4万円　1500円×4週間=6000円　雑費2万5000円

利益
20万円−7万1000円=12万9000円

室運営とも言えるのではないでしょうか。

ただし、このケースの場合は教材に凝ったり、輸入物のソファーやインテリアグッズで教室の高級感を演出し、レッスン後にはお母さんにハーブティーをふるまうなど気を配ることで高級層のお母さんを集客しなければならないので、教室周辺の地域性が成否を決める大きな要素の一つとなります。ですからもしこのような高級スタイルの導入を考えている場合は、くれぐれも開校地域のプレマーケティングをしっかりと行なってください。

"こだわり"から外れるお客をお客と見なさない

月謝を標準価格にするか、高額に設定するかは、どのような教室運営をするかということに応じて決めてください。

ただ一方で、巷には月謝4000円や5000円などという低価格英会話スクールがあることも事実です。ですから中には「あなたの教室の月謝は○○と比べると高い」とか「(月謝の安い)△△とこちらのどちらにしようか迷っているんです」といったことを言うお母さんも必ず出てきます。

そのときに一番大事なことは、なぜその金額に設定したかをあなた自身の中ではっきりさせておくことです。「子どもたちに本当に英語の実力をつけることのできる教室だから」とか「お母さんや子どもたちに外国の雰囲気を少しでも感じ取ってもらうため」など、あなただけのこだわりを明確にして、それを具体的に目に見えるかたちにして実行してください。

「月謝は安ければ安いほどいい」という考え方にひるんでしまい、「自分の月謝の価格設定は間違っていたんだろうか?」とか「あんなふうに考える人がいるんだから、世の中のほとんどの人が同じように感じているに違いない!」というように被害妄想的な考え方に凝り固まってしまい、価格競争に巻き込まれることだけは絶対に避けてください。

そのような考えを持っている人がいるという現実もありますが、そう考えていない人もたくさんいるのです。「自分のこだわり」が誰かの意見でゆらゆらといつも揺れているようでは、長い目で見た場合、将来的な発展はありません。

ポリシーの合わないお客は不良顧客予備軍だ!

私たちの経験から言うと、「どうしてもこの先生でないとダメ」であるとか、「月謝がもう少し安ければ入学する」といったネガティブなことに常に目を向けるお母さんのお子さんは、あまり長く続かない傾向にあるため、結局こちらもその人の言動に振り回されてしまうことになりかねません。こんなことにエネルギーを使うのは、労力と時間のムダです。ですから自信を持って、あなた自身のやり方を貫き通してください。

月謝徴収の方法について

月謝袋、銀行、郵便局、代行会社——一長一短の徴収システム

月謝の徴収には、大きく分けて二つの方法があります。

①毎月末に月謝袋を手渡して月初に持参してもらう、月謝袋を活用する方法
②銀行または郵便局の自動払い込みシステムを利用する方法

①の月謝袋を手渡す方法は皆さんもよくご存知の方法でしょう。月謝袋は100円ショップで購入できます。

また、この章で紹介した文房具の通販を利用しても安く手に入ります。

②の銀行または郵便局の自動払い込みシステムを利用する方法には、さらに二つの方法があります。一つは月謝やいろいろな種類の掛け金などの引き落しを専門にしている「集金代行会社」に依頼する場合です。

このような会社に依頼する場合、生徒は引き落し口座を銀行か郵貯のどちらでも好きなほう

を選べる場合がほとんどです。

私たちの利用している集金会社の手数料は1件1回の引き落しにつき150円かかりますので、生徒数が増えると手数料の合計金額もバカにならないというデメリットがあります。

しかしどこの銀行からでも、また郵貯からでも引き落しが可能で、引き落し日を全て同じ日に設定できることや、インターネットで簡単に開始、終了、変更などの手続きができること、また、引き落しできたかどうかのデータを一覧表にしてくれることなど、事務処理の合理化につながることは利点です。

そもそも口座がないと使えません

もう一つの方法は、郵便局の自動払い込みシステムを利用することです。こちらは1回の引き落しで10円しか手数料がかからないので、手数料負担の心配はあまりありません。しかしいかんせん、郵貯の口座しか利用できないのが大きなネックです。生徒の中には「銀行の口座しか持っていません」という方が必ずと言っていいくらいいますので、郵便局でしか利用できない払い込みシステムの採用は現実的とは言えません。

実際に私達の教室でも「郵便局口座を持っていない」と言う大人の生徒が少なくありません。ですから本音では、郵便局の自動払い込みシステムを利用したいのですが、ずっと集金会社を

	月謝袋	口座引き落し
メリット	●毎月しっかりと生徒と顔を合わせて月謝の受け渡しをするので、それだけでもコミュニケーションの一部となる ●その他の徴収があっても顔を合わせて説明を加えることができるので、後からの金銭的トラブルを防ぐことができる	●（集金会社にもよるが）インターネット上で引き落しの開始・中止・変更ができる ●引き落し結果を一覧表で見ることができるので管理しやすい ●月謝袋に比べて手間が省ける
デメリット	●生徒数が増えるとどうしても管理ミスが出やすくなる ●毎回の受け渡しと事務処理に労力と時間がかかる	●引き落し手数料がかかる ●引き落し中止や金額変更などをする場合に締め切りがある（通常引き落し日より2週間ほど前）ので、その締め切りまでに作業を完了しなければならない

利用しています。

月謝袋と口座引き落しの対比を表にしてみましたので、参考にしてください。

引き落しで待ち構える大きな〝落とし穴〟

口座引き落しを利用する場合の最大のデメリットは、表にもあるように、引き落し中止の手続きをするのに締切日が設定されていることです。

私たちの学校では入学時に「退学される場合は必ず○日までに手続きをしてください。その日を過ぎると引き落しを止めることができません」と案内しています。

そして「引き落とされた月謝はいかなる理由があろうとも返金いたしません」と説明して納得していただいているにもかかわらず、期日を過ぎてから退学を申し出て、「来月の月謝はどうなりますか？」＝「もちろん払わなくていいんですよね？」と言うお母さんが過去に何人もおられました。

もっとひどいのは、引き落としされた後に退学したい意図を伝え、月謝返却を迫るお母さんです。

入学時に説明をして納得していただいていることなので問題はないはずなのですが、在籍生は教室の近辺にお住まいの方が多いので、退学時のトラブルが〝逆口コミ〟で広がることを避けるためにも、月謝返却に応じざるをえません。

退学だけでも気持ちが落ち込むのに、月謝返却でもめると、本当に気持ちがガクンと沈んでしまいます。お金よりも気持ちのダウンのほうがダメージの規模が大きいのです。

月謝の引き落しを選択する場合、必ずと言っていいほどこの問題は起こりますので、そのつもりで対処してください。

「退会予備軍」への対処法

入会後こそ目を配ろう

レッスン内容や学校の雰囲気、講師の質や人柄までも気に入ってくれている生徒やお母さんであっても、まだまだ油断はなりません。3章のコンビニの例ではありませんが、あなたのお店で取り付けた契約をお客さんが解除しないように、そのお客さまをしっかりとフォローをしてつなぎとめておくことに全力を注ぐのは当然ですね。

そのために付加価値を考えるのはもちろんですが、この他にあなたがしなければいけないことは、定期的にレッスンを見学することです。どうしてそのように見学を行なわなければならないのか？ それは、以下のことを常時確認しておくことが、教室運営には欠かせないからです。

①レッスンの質が保たれているか

②レッスン内容以外のことで（子どもたち同士の相性、騒がしさ、おとなしさ、お母さん方の

相性など）それぞれのクラスがスムーズに運営されているか

③面白くなさそうにしている子どもたちがいないか、そしてきちんとすべての子どもたちが講師にフォローされているか

退会のシグナルを読み取る方法

これらの3点を確認する際に一番重要なポイントは、なぜかやる気をなくしモチベーションが下がってしまい、気持ちが乗らないという理由で退会しそうな「退会予備軍」を事前に察知することです。お母さんが退会の手続きに来られたときはすでに手遅れです。ですからそうなる前に、未然に状況を察して防ぐことがとても重要なのです。

私たちは教室を管理しているスタッフや講師から日々のレッスン内容、それぞれの子どもたちやお母さんたちの様子をレポートとして提出してもらっているのですが、そのレポートに「○○ちゃんが退会したいと言っています」と書かれたときには、もうフォローできません。そこまでくると完全に手遅れ状態なのです。これではレポートを書いてもらっている理由がありません。

だから私たちはスタッフに、どうしてレポートを提出してもらうのかという理由を伝えています。「退会手続き」をされる前にそういう雰囲気を読み取って、それをレポートして提出して

もらうことにこのレポートの意義があるということです。

この目的を理解してもらった上でレポートがスムーズに上がってくれれば、問題が起こる前に私たちがお母さんとカウンセリングの場を持ったり、講師やスタッフに子どもたちの最近の様子をお母さんに聞いてもらったり、また子どもたち自身を盛り上げたりと、いろいろな方法で解決できるのです。

その際にはまず、お母さんたちの話をしっかり聞いて、悩みやストレスを解消してあげましょう。また、生徒である子どもたちのいいところをしっかりと褒め、それと同時にそれはお母さんの成果だということも伝えましょう。そうすることで子どもとお母さんの両方を褒めることになり、子どもとお母さん、2人のやる気を一度に高めることができ、一石二鳥というわけです。

使える！　退会阻止トーク実例

ではここで、お母さんとの会話の一例をあげてみましょう。

私　お母さん、○○ちゃんは最近どんな感じですか？　おうちですすんでCD（課題にしているもの）を聞いたりしていますか

お母さん　いやぁ、それがね、先生。アルファベットの練習のプリントも出すと嫌がるし、CDをかけても「消して」と言われて困ってるんです。なんだかやる気がないみたいで

私　そうなんですか？　クラスの中ではしっかり発話もできているし、よくわかっているから、おうちでもお母さんががんばられているのかと思いましたよ

お母さん　そうですか？　発話できていますか？　後ろから見てもなんだかよくわからなくて

私　一度、真横についてあげてみてください。お歌のときも声は小さめですがキチンと歌っておられますよ

お母さん　ほんとにそうなんですか？

私　はい。それから書く宿題は、まだ幼児なのでアルファベットへの興味づけとしての宿題なので、嫌がるようでしたらそれはいったんお休みしてくださいね。ぬり絵の部分だけをしてもらってもいいですよ。CDは「ママが聴きたいからかけさせてもらえる？」と言ってママが楽しそうに聴いているところを毎日見せてあげてください。「やらされている」と感じることでCDを聴くことを嫌がってしまうのかもしれません。でも本当は興味があるはずですから、1日おきでもいいので機嫌のよいときを見計らってそうしてみてください

お母さん　わかりました、少し気が楽になりました

私　そうですか、よかったです。お母さん、毎日お忙しいのにしっかりとお子さんのことを考えておられて、スゴイですよ。○○ちゃんはきちんと愛情を感じているのがよくわかりますし、日頃の成果もあって特に発音がネイティブのようですね

お母さん　いやー、そうなんですか。私には全くわからなくて。家でもすぐに怒ってしまったりするんです。そんなことしちゃ、ダメなんだとわかってるんですけどねぇ。先生、これからもよろしくお願いします

私　いえいえ、こちらこそ。一緒にいろいろ考えていきましょうね。なんでもまたご相談くださいね

お母さんをリフレッシュさせよう

このお母さんのケースでは、

①家でするようになっていることも、子どもはちっともしてくれない
②授業中もわかっているのかいないのか、様子を見ていてもよくわからない
③キチンとしなさい、と言うことに疲れはじめている
④英語なんて今勉強しなくても中学生からやればいいし、一生できなくても日本では日本語で十分だ

というようないくつもの複合的な理由から「もうしんどいなー」といった感情が湧いてきているのです。

このままなにも話し掛けないで、このお母さんの気持ちを放っておいてしまうと、ほぼ間違いなく退会につながります。

10分程度のちょっとした会話でこのお母さんは「やる気」を起こし、なんだか少しいい気分にもなったはずです。日頃から子どもたちの様子やお母さんの表情などをしっかり観察して、なにかが起きる前にすばやく対応していくことが、生徒の継続を促し、活気あふれる教室を作っていくのです。

このような会話の際に気をつけるべきポイントがありますので、以下に列挙します。

①お母さんの話をじっくり、うなずきながら聞く
②悩みのポイントをしっかりと押えて、適切なアドバイスをする
③子どものよい所を褒める
④お母さんの日頃の大変さを理解していることを伝え、お母さん自身のことも、しっかりと褒める

美点を見つけて事前に約束

クラス内でも、子どもたち、特に幼児は叱りすぎず、本人のやる気をうまく引き出すようにするとモチベーションが上がります。そしてレッスンが終わった後で

①よくできたところ、いいところを見つけて褒める

②態度が悪かったというような欠点には最初はあまり触れずに「あれもこれもできて賢かった」ということを伝えた後、「最後まできちんとおイスに座れてたら100点満点だよ。今度はできるよね、先生と指切りしようか」と「約束」を「事前に」取りつけることで次回はより上手にしようという気持ちを喚起する

という二つのポイントを押えれば大抵の子供はきちんとできるようになり、褒められる要点が増えるのでやる気がますます高まります。

褒める、激励する、そして約束させる

小学生の中学年以上の子どもにも、もちろん褒めることをベースにするのですが、「なぜ英語が必要なのか」、「英語ができるとこんな利点がある」ということを情感を伴って会話すると、英語を勉強することの「目標」が明確になり、それが信頼関係に結びついていきます。

その土台を作り上げた上で叱るべきところはしっかりと叱ると、子どもは「先生は私のことを思って叱ってくれている」と感じるので効果的です。そのときの叱り方のポイントは

①「今日も……がこんなにできた」というようなよい点を見つけ、しっかりと褒める

②「いい素質を持っている」、「やればなんでもできる」と、子どもが本来持っている力をきちんと評価し、「やればできるのに今日はやってこなかったからもったいない！」という叱り方をする

③次にしっかりとやってきたときには「ほら、やっぱりスゴイ！　やればできる力があるって先生言ったでしょ」と、してきたことをさりげなく評価する

という内容です。ほとんどの生徒がこのような会話の繰り返しでモチベーションを高くキープできる子どもになります。

要するに普段から「褒める」、「激励する」、「きちんと叱る／約束をさせる」といったことをこまめに繰り返し、その上で、生徒やお母さんの様子をじっくりと観察し、必要と感じたらフォローやカウンセリングを間髪を入れずに行なうことによって「退会予備軍」を「やる気のある生徒／お母さん」に変身させることが可能なのです。

こういった在籍生およびお母さんへの徹底的なフォローが、結局は口コミを呼んで新規生を増やすことにつながり、教室成功のキーとなるのです。

7章

クラス設定とカリキュラムを決めよう

クラス設定の仕方

子どもの順応性を活かしたクラス分け

クラスを設定する際には子どもを年齢や学年別に分けるのですが、まずは、幼児（未就学生）クラスと小学生（就学生）クラスとに大きく分けてください。幼児クラスは表のように0才〜年長までのクラスに一応分けます。

ここで年齢もしくは学年でキッチリ分けると、ムダにクラスを作らなくてはいけなくなるので、0歳のクラスに1歳が入ったり、年中クラスに年少が入ったりするものと柔軟に考えて設定してください。

その後のレッスンがうまくいくクラス分けは、大きな子どもが小さな子どもたちの中にぽつんと入るのではなく、小さな子どもが大きな子ども中心のクラスに入るパターンです。なぜなら子どもは順応性が高く、たとえば大きな声が発せられている環境に入ると、自分も発話するのが当たり前と捉えて自然に伸びていくからです。

■クラス設定例

	火	金
10:00	0才	1才
11:00	2才	2才
2:30	年少	年中
3:30	年中	年長
4:30	年長	年少
5:30	小学生Ⓐ	小学生Ⓑ

つまり、成長している集団の中に小さい子どもを入れることが、子どもの力を高める秘訣なのです。

小学生は基本的に、低学年、高学年と分けるだけで大丈夫です。

ただ、幼児クラスと違い、スタートして半年たったクラスに新規の生徒を入れることはカリキュラム上むずかしくなるので、開講時に十分な人数を確保してからはじめるのがよいでしょう。

コース別おすすめテキスト＆手作り教材の作り方

◆幼児コース

abc 具体的、立体的レッスンを展開しよう

特定のテキストを決めてレッスンを行なうことはまだ年齢的にむずかしいので、市販のテキストを参考に、できる限り具体的、立体的な楽しいレッスンを心がけましょう。

「単語・歌・机上での取り組み・体を動かす取り組み・絵本」の五つを柱に毎回のレッスン計画を立てていくといいでしょう。

単語

B５サイズくらいの台紙の表に絵、裏にスペルを書いて見せていきます。私たちの教室では、２ヶ月ごとにカードを変えて、１回のレッスンで３００枚くらいのカードを見せます。

歌

最近では〝マザーグース〟という英語の童謡のCDや本をいろいろなところで簡単に入手できます。月齢の小さな子どもたちには１レッスン中５曲くらい、発話ができ、いろ

いろな取り組みが可能な子どもたちのクラスには3曲くらいが十分な量でしょう。私たちの教室では、幼児のクラスは50分のレッスンですが、この50分を楽しく「あっと言う間に終わっちゃった！」と子どもたちに思わせるためには、スピーディーにしかもたくさんの取り組みをどんどん行なう必要があります。私たちの教室の就園児のクラスでは50分の間に、カード300枚、歌3曲、天気、数、色などの毎回おなじみの取り組みの他に、月ごとの取り組み六つと、絵本読みをすべてこなしています。これだけの量を50分でこなすには講師の力量がかなりいりますが、そのためのポイントはダラダラゆっくりとレッスンを行なわず、手を変え品を変えテンポよく大きな声でレッスンを進めていくことです。参考までに、椅子に座ったままでできる取り組みをいくつかご紹介しましょう。

机上での取り組み

①右・左（right・left）

日本語でもよく行なう「どっちに入ってるかな？」の遊びです。手の中に収まる小さなものを右手か左手かどちらか一方の手で握り、「右、左どっちかな」と言って子どもたちに「右」か「左」を言わせるレッスンです。

教師 Where's Pika-chu? In my RIGHT hand or LEFT hand?"（ピカチューはどこ？ 私

の右手それとも左手の中？）

生徒　"In your right hand."（先生の右手）

教師　"Bingo! Yes, it's in my RIGHT hand!"（正解！　私の左手の中ね）

---

②足　何本？（How many legs?）

動物などの絵を見せて「足何本かな？」と聞いて答えさせるレッスンです。

教師　"How many legs does a crab have?"（カニさんは足何本あるかな？）

生徒　"Six."

教師　"One, two....six. Yes, a crab has six legs."（ＯＫ　じゃあ数えてみようね。１、２……６。はい、６本です）

③長い／短い（long/short）

ヒモ、エンピツなどを使って、長い短いを言わせる簡単なレッスンです。

教師　"What are they?"（これなに？）

生徒　"They are pencils."（エンピツ）

教師　"Good."（正解）

教師 **"It's long. It's short."（長い、短い）**
生徒 "It's long. It's short."（長い、短い）
教師 **"Is this a short pencil?"（これは短いエンピツ？）**
生徒 "No, it's a long pencil."（ううん、長いエンピツ）

前出の「前回おなじみの取り組み」とは名前、年齢、挨拶にはじまり、その日の天気、日にちを聞いたり、ＡＢＣの歌やカードでの取り組み、色や数などを使う遊びで、それらを毎回毎回入れておくことが必要です。

と言うのも、飽きないために月ごとの取り組みを変える一方で、〝ホッ〟とする材料として「定番物」を入れることでバランスが取れるからです。

小さな子ども向けレッスンは8割を机で

小さな子どもを対象にしたクラスでは、イスに座らせてのレッスンではないほうがうまくいくように思う方もいるかもしれませんが、私たちの経験から言って、完全にいすや机を取り払ってレッスンをしても、子どもたちが好き勝手にウロウロし混乱をきたします。レッスンの80％をイスに座って行ない、20％を机を離れて行なうくらいがちょうどうまくいくでしょう。

①中、外（inside, outside）

長いヒモを用意して大きな輪を作るか、フラフープの輪を床に置きます。子どもたちと手をつないで輪の中や外にジャンプで出たり入ったりして、中、外を教えていきます。

教師　“Let's go inside.”（中に入ろう）

教師　“Now, go outside.”（さぁ、今度は外へ）

教師　“Inside.”（中）

生徒　“Inside.”（中）

教師　“Outside.”（外）

生徒　“Outside.”（外）

②顔や体のパーツに触ろう（Touch your～）

リズミカルにテンポよく、顔や体のパーツに触りながら、単語を入れていきます。

教師　“Touch your head.”（頭に触って）

教師・生徒　“Head head.”（頭　頭）

教師　“Touch your nose.”（鼻に触って）

教師・生徒　“Nose nose.”（鼻　鼻）

■リズミカルに体のパーツに触るレッスン

教師 **"Touch your shoulders."**（肩に触って）

教師・生徒 "Shoulders shoulders."（肩　肩）

③ボールを投げよう、蹴ろう、転がそう

ボールを使って動詞を言う練習をします。

教師 **"Roll the ball."**（ボールを転がす）

生徒 "Roll the ball."（ボールを転がす）

教師 **"Throw the ball to me."**（私にボールを投げて）

生徒 "Throw the ball."（ボールを投げる）

教師 **"Throw the ball to Satoshi."**（さとしくんにボールを投げて）

生徒 "Throw the ball."（ボールを投げる）

教師 **"Kick the ball."**（ボールを蹴る）

生徒 "Kick the ball."（ボールを蹴る）

絵本は成長のものさし

子どもたちの吸収力は本当にめざましいもので、入室して1ヶ月もすれば、外国人講師の話していることがわかるようになり、3ヶ月くらいすると簡単な話しかけに返答できるようになってきます。

ここで重要なのが、「目に見える形」で子どもの英語力を示し、お母さん方のモチベーションを上げていくことです。それが「継続」の原動力となるのです。

すぐに「目に見える形」になりやすいものが「絵本の暗唱」です。

私たちの教室では、海外へ旅行するたびに書店をのぞいたり、輸入品を取り揃えている外国人駐在員用のお店に足を運んで、教材にふさわしい絵本を選び、音読したCDを渡していますが、子どもたちは早く暗唱テストに合格して次のかわいい絵本をもらいたいという思いや達成感から、驚くほどがんばって絵本の暗唱に取り組みます。

「絵本の暗唱」は、子どもたちにやる気を起こさせる点からも、子どもたちの英語力を伸ばすという点からも、ぜひ導入することをおすすめします。繰り返しの多い、短い絵本から取り入れるとよいでしょう。

お母さんと先生に褒められる「達成感」の心地よさをまず子どもたちに覚えてもらうために

は、簡単なものから少しずつ長いもの、むずかしいものへと進めていくのがコツです。

私たちの教室では「はらぺこ青虫」という絵本で有名なエリック・カールのものを中心にレッスンを進めています。

ただ、これには朗読した音声教材がないので、まずは音声教材つきの絵本が簡単に取り入れられてよいでしょう。

■絵本は難易度の低いものから取り入れよう

輸入教材、輸入品のお店やカタログなどにある、音声教材つきの絵本が教材としては使いやすいと思います。難易度別にも分かれていて重宝しますので、探してみるとよいでしょう。

🔤これが〝イチオシ教材〟10点

なるべく低い予算で子どもたちが「楽しい」と思える教材は、最近どこにでもある100円均一のお店で手に入れることができます。ひと工夫を加えれば立派な教材に変身させることが可能です。

教室をスタートさせるにあたって最低限揃えておくとよい教材は

①「オススメテキスト」のページ（196ページ）で紹介した単語のカード
②日にち、曜日、季節、天気の教材
③時計
④おはじき、ビー玉、ブロック、洗濯バサミなど
⑤お皿、コップ
⑥クレヨン
⑦おもちゃの野菜、くだもの
⑧かたち（四角、三角など）を教えるブロックなどの教材
⑨ボール
⑩ぬいぐるみ

■あると便利なカード教材

単語のカード

日にちのカード

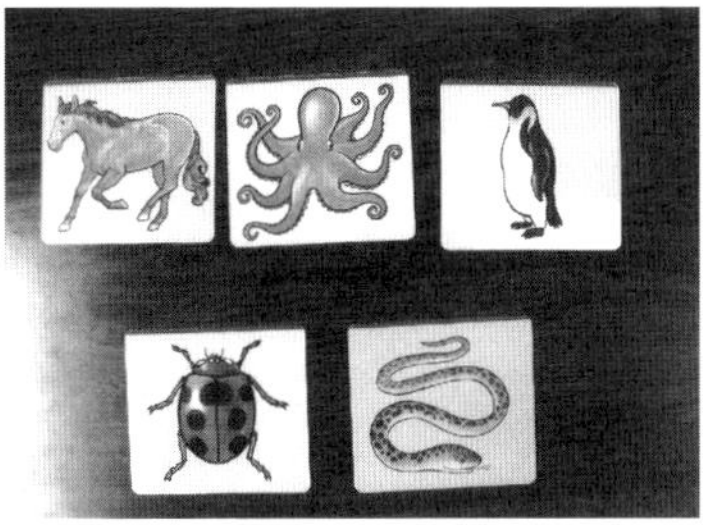

動物のカード

天気のカード

です。これに加えて、レッスン内容に沿ったものをその都度少しずつ増やしていくとよいでしょう。

abc パソコン／手書きで自作もOK！

②の「日にち、曜日、季節、天気の教材」は子どもたちに、毎回レッスンのはじめに教えるときに使うものです。

ホワイトボードがあれば裏にマグネットを貼って使い、なければ壁に貼れる大きさの月、曜日、季節をかわいくモチーフしたカードが安価で手に入りますので、それを利用してもかまいません。コンピュータ、もしくは手書きで仕上げてもよいと思います。

日にちはコンピュータか手書きで数字の小さなカードを作っておきます。天気も毎回挨拶の後にたずねるとよいので、ぜひカードを用意しておきたい教材です。

どのカードもホワイトボードに貼って使用するときは、ホームセンターなどでシート状になったマグネットが売られていますので、それを切って利用すると便利です。

③～⑩までのものはすべて、１００円均一のお店で手に入ります。

④のおはじき、ビー玉、ブロック、洗濯バサミなどは、数をかぞえたり、色を教えたりするときに使う教材で、とても使い道が多いものです。

これらの教材を⑤のお皿やコップに入れて一人ひとりの子どもたちに配ります。

たくさんある！　子どもが食いつくおすすめ教材

⑥のクレヨンは、子どもたちがガサガサしているときなどに、たとえば左の文のような指示をして絵を描くと非常に効果があるので、とても助かります。

Color the apple red（りんごを赤くぬって）
Let's draw a circle in green.（緑色でマルを書きましょう）

⑦のおもちゃの野菜、くだものもともに使用頻度の高い教材です。野菜やくだものそのものの名前を教えるだけにとどまらず、机の上、下（on/under the desk）を教えるときに使用したり、どこかへ隠して「～をください」（please give me～）と言わせてみたりなど、例をあげはじめるとキリがないくらい用途が広いものです。

⑧の「形」に関する教材は、折り紙をいろいろなかたちに切って台紙に貼ることでも代用できます。

⑨、⑩のボール、ぬいぐるみなども、レッスンをしていると必ず欲しくなる使用頻度の高い

教材です。

生徒の数が増え、ラミネーターを購入することができるようになれば、毎回レッスンで使用する日にちや天気のカード類をラミネートしておくと、見た目もきれいに仕上がります。

また、ラミネーターとマジックテープがあれば、おもしろく、かわいい教材を作ることができます。

◆小学生コース

小学生のクラスでは、テキストを使用し読み書きもできるようにすることを目的にします。

少し大きめの書店の英語教材のコーナーに行くと必ず置いてあるおすすめのテキストの一つが、オックスフォード出版から発行されている"Let's go"シリーズです。CDつきのダイアログのテキスト、ワークブックがレベル別に分かれています。絵もかわいく、とても使いやすい教材です。

また、「ピクチャーディクショナリー」というイラストつきの単語集も同じシリーズから出ていますので、副教材として使うのに適しています。

無料体験レッスンから入学、スタートまでの流れ

参加者を集める

英会話教室を開校するには生徒を集める必要があります。そのための有効な手段が無料体験レッスンです。ここではその手段を説明します。

①知り合いに声をかける

「無料体験レッスンをするので、気楽に遊びのつもりで来てね。たくさんの人に来てもらいたいので、お友達も誘ってもらえる？」というようにプレッシャーを与えない言い方で気軽に声をかけてください。意外と集まるものです。

②ミニコミ紙に広告を載せる

英会話教室の無料体験レッスンはどこにでもある話です。無名の小さな英会話教室に人を呼ぶための広告を作るには、内容を工夫することが不可欠です。

ノベルティーを考えたり、教室の「こだわり」を前面に出したりしながらも、簡潔に印象に

残るキャッチフレーズを一所懸命考えてください。

無料体験レッスンの手順～1．名簿の作成

体験レッスンに来てくれた方たちには、お子さまの名前、住所、年齢、幼稚園名／小学校名、電話番号、メールアドレスを記入してもらってください。

どこの幼稚園や小学校に通っているかということを把握しておくと、同じ幼稚園や小学校に通っている体験レッスン希望者が来たときに、「同じ幼稚園の○○さんも通われてますよ！」というひとことで、入学率がかなりアップするからです。これは、人間は共通点を見出すと安心して心を開きやすくなるためです。

また、メールアドレスも必ず聞いてください。電話では重く感じてしまう場合でも、メールではさりげなく誘うことができるのと同時に、万が一、入学につながらなくても今後の行事などを容易に案内することができるからです。

無料体験レッスンの手順～2．お母さん方へのカリキュラムの説明

体験レッスンを開始する前に、お母さんたちにカリキュラムを説明しましょう。そこで、教室のこだわりと子どもたちへの愛情を「熱く」語ってください。

この「熱く」というのが大きなポイントです。

事務的に淡々と話されるよりは、同じ内容でも「熱く」語られると通じるものです。「熱く」語るのにお金がかかるわけでもないので、やらない理由がありません。またレッスンを受ける子どもたちには、「わからなくても間違っても大丈夫！」ということを伝えて、安心感を与えてください。

無料体験レッスンの手順～3．あなた自身がレッスンに参加して教室を盛り上げる

カリキュラムの説明が済んだら、いよいよ体験レッスンのはじまりです。ここで注意したいのは、一方的にレッスンを進行しないことです。

集まった生徒たちは、何をどうしていいのかわからないままにレッスンが進んでいくと、どうしても静かになりがちです。盛り上がらない体験レッスンを受けても、お母さんにも子どもにも当然いい印象は残りません。

このような状況を打破するには、自分たちで無理にでもレッスンを盛り上げることが不可欠です。このため、あなた自身が講師のサポート役か積極的な生徒役としてレッスンに参加してください。

お母さん方には「安心感」を、子供たちには「楽しかった」という気持ちを持ってもらうこ

とが入学につながるポイントです。

レッスン後は先生と一緒に子どもたちを思いっきり褒めて、子どもたち一人ひとりのよかった点をお母さん方に伝えることも忘れないようにしてください。

無料体験レッスンの手順〜4．アンケート記入から入学まで

体験レッスン後に、レッスンの感想や入学意志を確かめられるような項目を入れてあるアンケート用紙を渡して、その場で記入してもらってください。

続いて、入学金、月謝、教材費などを説明。できる限りその場で入学を決めてもらい、具体的な入学方法、スタート日などの話にまでもっていきます。

この際、大体のクラス開講予定をあらかじめ決めておきますが、この場で生徒の予定を聞いて、予定していた曜日、時間などを変更したり新たにクラスを作ったりできるよう、臨機応変に対応してください。

1クラス2人集まれば、予定外でも開講するといいでしょう。

エピローグ

子ども英会話教室から次のステップへ

ビジネスをさらに成功させるために

意外に豊富、副収入の材料

教室の主な収入源は入学金や月謝ですが、じつはその他からの収入もあるのです。ここではそれ以外の収入源も合わせて考えてみましょう。

私たちの教室では

①暗唱用の絵本
②家で聞かせるためのオリジナルCD
③月ごとに作成する、家で見てもらうためのオリジナルビデオ／DVD
④アルファベットなどの練習用ワークブック
⑤能力開発、その他の各種教材
⑥健康や環境によい食品や日用品

などを教室で販売しています。

これらの教材や食品は大きな利益の出るものではありませんが、プラスアルファの収入にはなっています。

夢とポリシーが生んだコラボレーション

また次に、子ども英会話教室と他のビジネスとの上手なコラボレーションの成功例があるので紹介します。

現在私たちの英会話教室のフランチャイズ経営を手がけるS氏は、もともと知名度のある有名企業に勤めていた、いわゆる脱サラ組です。「もっと家族と過ごす時間を持ちたい」、「子育てで苦労しているお母さんの癒しの場所を作りたい」、「子どもたちが楽しくかつ安全に遊ぶことのできる場所を提供したい」という自分自身の確固たるポリシーを具体化するため、脱サラを決意し、私たちのもとへ相談に来ました。

どのようにしてその方の夢とポリシーをかたちにしていけばいいのかを何度も会って話を詰めていく間に、少しずつなにをすべきなのかが見えてきました。

幸運にもその方のお父さんが経営しておられた喫茶店が繁華街の外れにあったので、その時点ではもう使用していなかった2階部分を子ども英会話教室として活用し、それを基点にビジネスを発展させていこう、ということで動きはじめました。

いったんスタートすると、S氏のお父さんからも「どうせやるなら1階部分も使って全面的にやればいい」という思わぬ賛同を得たので、1階を最大限有効活用する方法を緊急に練り直しました。

結局、全面改装した1階には、有名ブランドがプロデュースする木製の子ども用ハウスやすべり台などの大型遊具を贅沢に配置して、赤ちゃんから小学校低学年までの幅広い子どもたちが遊べるスペースを大きく確保しました。

そのプレイスペースは、万が一衝突してもさほど衝撃のない素材で作られたフェンスで囲んであり、フェンス越しのカウンターからは、お母さん方が遊んでいる自分の子どもたちをゆっくりと眺めることができるようになっています。

コンセプトは「親子で来て、子どもは心ゆくまで遊べ、親もその間にゆっくりできる」という「親子で行ける喫茶店」です。子どもたちが遊ぶ際の傷害に対する安全面だけではなく、健康に関しての安全面にも気をつけ、食材にもとことんこだわっています。ですからメニューはすべて有機栽培、無農薬、無添加のものを選び、それらの素材を活かしたフレッシュジュースやサンドイッチを中心とした軽食を置いて「親子連れがゆっくりと食事のできるスペース」を作りました。

そしてもちろん2階には子ども英会話教室、3階はセミナールームとして利用しています。

相乗効果でリピーターを獲得

現在では、この〝ものめずらしい〟「親子で遊べる喫茶店」に来た方は、ほとんど必ず友人を連れてのリピーターとなり、そこからたくさんの方が2階の子ども英会話教室で楽しく英語を勉強しています。

反対に、もともとは英会話教室に通うために来た方々も、今では1階の親子喫茶の重要なリピーターとなりました。

それから3階で行なっている「母親教室」などのセミナーに足を運んでくれた方々が1階、2階ともに利用するパターンも多く、「親子で遊べる喫茶店」と「子ども英会話教室」のコラボレーションは大成功を収めています。

このS氏のケースは「ある程度資金を投入して本格的にやってみよう」というパターンですが、これまで述べてきたように、子ども英会話教室をはじめるのに必ずしも大きな資金が必要なわけではありません。

「どのようなこだわりのある英会話教室にしたいのか」、そしてそこから「毎月どのくらいの収入を得たいのか」、という2点を明確にしていれば、こだわりを土台にして、目標の収入があなたの手元にも入ってきます。

本格的になってきたら？プチ起業からオーナーへの転身

サイドビジネスの拡大も可能

これまでの項目を読んでいただければ、開校の仕方や具体的なレッスンの内容がよくおわかりになったと思います。

特にもう一度強調しておきたいのは、子ども英会話教室ほど初期投資がほとんどかからないビジネスは、他にあまり類を見ないという点です。

必要最低限のものだけをそろえて自宅ではじめるなら、10万円ほどの投資でも十分教室らしい教室をスタートできるでしょう。

さらに開校後のリスクもほとんどありません。最初の数ヶ月で思ったように生徒が集まらなくても、月謝は前払いでいただき、講師への報酬は後払いというのが通常なので、自宅で開校している場合は本当に「赤字」とは無縁と言えます。

ここに生徒数に対応する収入のシミュレーションを表にまとめました。当然ですが、生徒数

生徒数	クラス数	月謝（収入）	給料＋交通費（支出）	利　益
6 人	2	8000×6 ＝4万8000円	給料 2500×2クラス×4週間 ＝2万円 交通費 1000（週1回）×4日＋α ＝5000	4万8000−2万5000 ＝2万3000円
10人	3	8000×10 ＝8万円	給料 2500×3クラス×4週間 ＝3万円 交通費 1000（週1回）×4日＋α ＝5000	8万−3万5000 ＝4万5000円
20人	5	8000×20 ＝16万円	給料 2500×5クラス×4回 ＝5万円 交通費 1000（週2回）×8日＋α ＝10000	16万−6万 ＝10万円
40人	10	8000×40 ＝32万円	給料 2500×10クラス×4回 ＝10万円 交通費 1000（週3回）×12日＋α ＝15000	32万−11万5000 ＝20万5000円
60人	15	8000×60 ＝48万円	給料 2500×15クラス×4回 ＝15万円 交通費 1000（週3回）×12日＋α ＝15000	48万−16万5000 ＝31万5000円

＊月謝は１人当たり8000円、講師の時間給は2500円と設定
＊生徒10人で週１回のみ、生徒20人で週２日、生徒40人以上で週３日の開講と設定

が増えるにつれて収入も伸びます。

脱サラを考えている方は、表の収益額を参考にして、脱サラする時期を検討してみてください。

利益46万円も射程圏内

これはあくまでもベーシックなシミュレーションですので、月謝と講師への時給によって、収入は大幅に変わってきます。表では月謝を8000円、講師の時給を2500円に設定しています。

たとえばこれを、月謝を1万円、講師への時給を2000円に設定した場合、利益は生徒数が10人なら4万5000円から7万1000円に、20人なら10万円から15万円に、そして60人の場合なら、なんと31万5000円から46万5000円に跳ね上がりますので、クラス数と時給を考えて全体をシミュレートしなければなりません。

基本的に、入ってくる収入は生徒からの月謝、毎月必ず出て行く支出は講師への報酬ということで、月謝－（給料＋交通費）＝利益となります。

生徒数が増えて規模が大きくなるにつれて、この支出の教材費や雑費も増加すると考えてください。

ちなみに、私たちの堺教室は、月謝のほかに毎月作っている教室オリジナルビデオをはじめとする副教材での収入が少しあり、外国人講師と、日本人スタッフ1人の2人の雇用で、週3日開講しています。

私は体験レッスンがある時に出向き、体験後に直接生徒やお母さんとお話をさせてもらうことと、1ヶ月に1回の「母親教室」でいろいろなお話をすることを仕事の中心とし、その他の業務は基本的にはこの2人に任せています。

あなたが給料として毎月必要な額から逆算して、何人くらいの生徒が集まれば教室のオーナーとしてやっていけるのかを考え、ワクワクしながら教室を大きくしていってください。

この本を最後まで読んでくださったあなたの成功を心より願っています。

著者　杉本 桂子
英会話コンサルタント・育児カウンセラー
1963年大阪府生まれ。米国カリフォルニア州立大学ハンボルト大学にて英語教授法を勉強後、ＥＣＣ外語学院にて講師として勤務。同学院にて最優秀講師賞を受賞するなどの功績を残す。
現在はイスク英語学院、イスクエアライン専科、七田チャイルドアカデミーなんば教室にてカリキュラムやテキストなどの製作、講師研修を手がける。2005年度からはイスク英語学院フランチャイズ業務や、コンサルタント業務を行ないながら、３男１女の子育てに追われる日々を過ごしている。

監修　杉本　豊
有限会社グッドスピード代表取締役社長
1963年大阪府生まれ。カリフォルニア大学バークレー校への留学より帰国後、ＥＣＣ外語学院に入社、鶴橋校・天王寺校・大宮校の責任者を務める。
イスク英語学院・イスクエアライン専科・七田チャイルドアカデミーなんば教室を統括する有限会社グッドスピードの社長で、現在は夫人である杉本桂子とともにイスク英語学院のフランチャイズおよびコンサルタント業務を行なう。2005年度には「子どもに自然を体験してもらおう！」を理念とするＮＰＯ法人を設立。

〈連絡先〉
イスク英語学院
〒556-0011 大阪市浪速区難波中1-6-1　タケダビル3F
Phone : 06-6630-9130　URL : http://www.jin.ne.jp/isk
e-mail : infoisk@aol.com

はじめよう！　子ども英会話教室

平成17年７月７日　初版発行

著　者　杉本　豊・杉本桂子
発行者　中島治久

発行所　同文舘出版株式会社
東京都千代田区神田神保町1-41　〒101-0051
電話　営業03（3294）1801　編集03（3294）1803
振替　00100-8-42935　http://www.dobunkan.co.jp

印刷／製本：壮光舎印刷
ISBN4-495-56821-3
Printed in Japan 2005